品成

阅读经典 品味成长

孤独消费论

极致而精粹的第五消费时代

［日］三浦展　著

郭菲　谢文博　译

人民邮电出版社

北京

图书在版编目（CIP）数据

孤独消费论 ／（日）三浦展著 ；郭菲，谢文博译.
北京 ： 人民邮电出版社，2025. -- ISBN 978-7-115
-65356-7

Ⅰ. C913.3

中国国家版本馆 CIP 数据核字第 2024391LR6 号

◆ 著 ［日］三浦展
译 郭 菲 谢文博
责任编辑 鲍洁新
责任印制 陈 犇

◆ 人民邮电出版社出版发行 北京市丰台区成寿寺路 11 号
邮编 100164 电子邮件 315@ptpress.com.cn
网址 https://www.ptpress.com.cn
文畅阁印刷有限公司印刷

◆ 开本：880×1230 1/32
印张：7.5 2025 年 1 月第 1 版
字数：145 千字 2025 年 6 月河北第 4 次印刷

著作权合同登记号 图字：01-2024-2292 号

定价：59.80 元

读者服务热线： （010）81055671 印装质量热线： （010）81055316
反盗版热线： （010）81055315

本书赞誉

这本书在很大程度上为我们预判了一种未来消费行为的可能走向。书中通过对日本品牌出现弱化、消费者中性化、复古化等现象的深度探索，在一定程度上诠释了日本社会的深层次价值趋势。日本所处的社会阶段和老龄化特征，也给我国消费长期发展机会和模式创新带来了一些思考。古着①改变消费，促进地方复兴，古着店与地方复兴的相互作用体现在它们都为人们提供了一种独特的体验和情感链接。当增长的速度无法再持续的全新时代来临时，我们不得不重新思考"慢下来"的长期意义，慢慢体会、慢慢生活，社会的宁静致远也许是更长期的价值所在。

——弘章投资创始合伙人 翁怡诺

---

① 古着：源自日语，是指二手的、旧的衣服，一般都有 30 多年的历史，因此并非所有二手服装都能被称为古着。在日本，古着不仅意味着人们穿过的衣服，它还代表了一种特定的时尚选择和文化现象。许多人热衷于寻找和收集古着，因为这些衣服往往具有独特的设计、历史价值和个性化特征，能够提供与现代大规模生产的新衣不同的风格和审美体验。从高端复古名牌服饰到普通日常穿着的衣服，古着市场包含了广泛的风格。在日本，古着店在大城市非常流行，成了年轻人文化和时尚潮流的重要组成部分。

这是一部关于消费的寓言式叙事图书。

消费的表象之下，是时代变迁和阶层流动的脉搏，消费构成了进入一个国家、社会、文化的密钥。三浦展对推崇活动①、文化复古、古着等一系列的新消费形态进行了拆解，发现了它们共同的孤独底色。甚至，当孤独感越来越深地浸入消费行为，它就会以自己的气质重塑一个城镇的物理形态，改变世界的肌理。

日本游学历来是"参加 CANPLUS"无界消费创新营的必修模块，而三浦展的面授课程则是必修模块中的必修课程。尽管远隔重洋，中国和日本却在现代科技的裹挟和社会急速的演进中产生了共鸣。当穿越周期正成为我国消费企业生存的主流话语时，三浦展对日本消费社会的研究，或将打开我们对文化思潮和消费趋势的又一个解读视角。

三浦展曾说，解决孤独，靠的是文化。作为创新创业教育的实践者，我非常期待《孤独消费论》的上市，让三浦展的智思走近更多创业者，启迪中国的消费生态再造属于自己的文化基底。

给孤独以治愈，给消费以价值。当孤独的症候在新世代中弥漫开来，消费有可能变成一种解药。

——首钢基金执行董事、"参加 CANPLUS"创办人　李青阳

---

① 推崇活动：日语作"推し活"，是日语中的一个流行词，指粉丝积极支持和宣传其喜爱的偶像、演员、运动员等公众人物的活动。这种活动不仅包括购买偶像的相关商品、参加相关活动，还包括通过社交媒体等平台表达对偶像的支持。粉丝通过推崇活动表达对偶像的爱和忠诚，同时也希望得到偶像的认可和回应。

三浦展先生的《孤独消费论》是一场商业思想盛宴。作者以敏锐的洞察力，深入浅出地剖析了日本新消费时代的种种面貌，并对全球消费趋势做出了预测。书中丰富的案例和数据分析，不仅帮助我们理解当下消费行为的深层逻辑，更启发我们对未来消费市场的无限想象。近几年，从 ABBA Voyage 到《黑神话：悟空》的空前成功，都印证了三浦先生观点的深刻性和前瞻性，为我们提供了全新的视角，去审视和解读这个瞬息万变的消费世界。

——CPE 源峰董事总经理　倪霏

日本社会学家三浦展先生的《第四消费时代》风靡中国后，其著作《孤独消费论》也被翻译成了中文，我有幸受邀先睹为快。本书作为《孤独社会》的姊妹篇，围绕着初现端倪的"第五消费时代"展开，用细腻的观察、翔实的数据继续丰富着我们对日本社会的认知，对预判中国社会的消费演变，对投资、创业、择业、个人发展，都有巨大的启示作用。

智人是群居协作物种，落单意味着存在死亡威胁，对死亡的恐惧转化为具体的孤独焦虑，并深深刻进了我们的基因。但以大规模城市工商业为代表的现代社会，让物质充裕的同时，却让人际链接越来越短暂和稀少，仅有的链接也主要围绕流动性很强的职场和学校展开，这些链接取代了曾经层次丰富、相对稳定的亲缘链接、邻里链接，让现代人即使生活在人口稠密的大城市，也依然感到非常孤独。

作者发现了"越孤独越消费"的现象。显然，人们在用消费化解孤独。但不是所有消费都能化解孤独，因此找到并推动能够化解孤独的消费，才能更好地缓解孤独社会的问题。不难发现，能构建或丰富人际链接的消费，都能在不同程度上消解孤独。在生育率低迷的今天，复兴亲缘链接困难重重，但复兴邻里链接则有可能实现，例如"咖啡洗衣房"的出现；而各种加强人际链接的兴趣消费已蔚然成风，并且不同年龄段的人群有不同表现。

作者用很大篇幅探讨了"古着"这一新兴消费趋势。古着消费能帮助人们对抗当下流行对个性的压抑，将历史的多样性带回现实，更是对标准化大规模生产和营销这种纯"生产端效率"的抵制。从古着消费上可以看到日本在以 GDP 衡量的"生产端效率"上的增长出现停滞，而在"消费端效率"上持续内生增长，书中还有更多这类例子，如自家菜园、手工食品、旧物修缮等。

日本为"先富再老"社会如何可持续发展打了样，而"未富先老"的我们，又该何去何从呢？更进一步，人类能够创造出"富而不老"的社会模式吗？品读本书，让人每每掩卷沉思。

——《升级定位》作者、天图投资 CEO　冯卫东

三浦展老师是当之无愧的消费行业发展历史的记录者、当下经济现象的观察者和未来人类消费趋势的预判者。三浦展老师的《第四消费时代》等著作，是"一亿中流 2035 战略私董会"的上千位亿

元企业高管的必读书。我一直认为，即使中日两国的国情有诸多不同，但在消费、生活、认知的演变趋势上，更多的是人类基本需求的趋同，这对中国企业家研究未来消费趋势有重大参考意义。

《孤独消费论》是三浦展老师的最新研究成果，面世时正值以数量为度量的消费狂飙时代结束。我们都在问，消费都去哪了呢？在书中，孤独经济、兴趣型消费、中古经济、商品好物不贵、消费者有钱不烧，人们追求商品以外更深层次的情感意义，给了我们预判未来趋势的全新视角。兴许，三浦展老师在告诉我们，新的消费趋势正在形成，这些市场隐秘而庞大。强烈推荐三浦展老师的每一本著作！

—— 一亿中流董事长　刘海峰

在三浦展的《孤独社会》中，他预判未来的第五消费时代将呈现一种"永远孤独"的状态，这本新书则是他在这一框架下持续研究的作品。2022 年至 2024 年，我带领数十名中国企业家与三浦展进行了几次面对面交流，我意识到中国虽然处于几个消费时代叠加的过程中，但在某些一线城市和年轻人中，已经呈现类似的消费趋势。"追更"三浦展的几本书，我发现他给今天的中国品牌升级之路发出了明确信号：只有拥有呼应时代需求，尤其是拥有明确价值观的品牌，才可以真正走向未来。

——大江会创始人　贾鹏雷

我曾问三浦展先生："消费瞬息万变，不变的是什么？"三浦展先生答："抓住消费者的需求，将需求进行商品化，这是永远的真命题。"能用"望远镜"观察社会趋势，也能用"显微镜"研究个体需求，善于从观察中洞察本质的三浦展先生的著作，我期待已久。穿越周期韧性增长，需"行之力则知愈进"，也需"知之深则行愈达"。

经济发展的客观规律带来了转向消费驱动的新周期，新需求催生的新消费，成了消费市场"增量"与"升级"的重要突破口，而新消费之城既是消费端的物理场所，也是供应端的创新之源，每座城市都有机会基于城市资源特色培育一批新消费品牌，而这批新消费品牌大军中极有可能涌现出中国领先的消费品牌，引领消费向上，助力中国向前。

——长沙新消费研究院院长　张丹丹

在三浦展所描绘的第四消费时代以及他所洞察的孤独社会背景下，《孤独消费论》的诞生及时并有非凡意义。如今，中国经济恢复向好，新消费模式不断涌现，同时超 2 亿单身成年人和众多独居青年催生独特的"孤独经济"。全民畅读作为文化生活空间的创新者，契合了孤独经济下人们对精神文化消费的新需求。本书深入剖析孤独如何在日本经济背景下催生新的消费需求与模式，从"一人食"餐饮到个性化定制服务，从虚拟社交消费到宠物经济等满足情感需求的商品与服务。它为企业把握商机提供指引，如未来空间运营，可根据孤独消费趋势优化空间设计与服务，满足人们既渴望独处又渴望社交的需求。本书能使个人理解自身消费行为的变迁，也能为社会研究者探索经济与社会协同发展提供新视角，是洞察中国经济变革中消费新方向的佳作。

——全民畅读创始人　赵杰

译者序

　　2023 年，在一次给中国企业家的分享中，三浦展提到他写就《第四消费时代》的动因：在 1998 年的东京街头，他意外地发现许多原本追求上进、积极进取的日本年轻人，散漫地席地而坐、随处"躺平"（是真的平躺在地上）……这些现象对当时的日本而言是不可思议的。但作为社会学者的三浦展敏锐地意识到：令人不解的社会现象出现，就意味着社会正发生新的变化。这样的变化，引发了三浦展对消费社会的思考，并不断向上追溯日本的经济发展、国民生活方式、人口年龄结构与消费社会演变的关系，最终他一气呵成，仅用了 6 天时间就完成了《第四消费时代》的底稿创作。

　　新型冠状病毒感染疫情在三年间深刻改变了日本消费者的行为模式：更小的商圈半径、更多的对健康的关注、怀旧风潮的兴起……当然还有更深化的老龄化社会。这些变化让三浦展看到了第五消费时代到来的征兆，从而在疫情期间写就了《孤独社会》一书。此书中文版在 2023 年由人民邮电出版社出版面市。

我有幸担任了《孤独社会》一书的译者。在全书的翻译过程中，我意识到《孤独社会》是一本更接近于三浦展"本职工作"的作品：社会研究。在《孤独社会》中，三浦展研究了因为疫情的限制、因为老龄化的深化，日本社会出现的各种各样的"孤独"，也探讨了"孤独"给日本人生活带来的种种影响。三浦展唯独没有详细探讨"孤独"会对"消费"带来何种影响。在《孤独社会》中，三浦展用5个S来定义"即将到来的第五消费时代"的特征：慢速的（Slow）、小规模的（Small）、软性的（Soft）、社交的（Sociable）、可持续的（Sustainable）。5个S所归纳的特征和"消费"并没有太大的关系。所以，《孤独社会》更偏向于社会研究，而非消费研究。

对消费研究的"缺失"，在本书中得到了最大程度的补足。在本书中，读者将接触三浦展论述的全新消费概念：推崇活动、文化复古、古着、移居……

这里必须跟读者强调一下"古着"。自从2017年我开始跟三浦展接触，三浦展在诸多不同场合谈及古着，他坚定地认为古着是日本进入第四消费时代的标志，同时也对包括古着经济在内的二手经济非常看好。我记得在一次三浦展给中国某头部互联网电商企业的演讲中，该企业的市场营销总监提问：如果你自己开一家公司，你会选择什么行业？三浦展不假思索地回答：卖二手手表。作为古着的坚定拥趸，三浦展经常穿着古着来给中国企业家上课，并且非常愿意向大家分享他挑选古着的经验和品位。事实上，二手经济在国内也已经起步，如何预测二手经济的前景？消费转向后的二手经济破局点在哪里？本书会给感兴趣的读者许多有益的参考和启发。

在本书中，三浦展提到"越孤独越消费"，同时也提出"消费正在脱离消费本身"。这两个观点看起来有点矛盾，该如何理解？事实上，三浦展想说的是，在第五消费时代中，人们的物质需求已经得到高度满足，而老龄化带来的孤独是再多物质型消费都无法消解的。因此，消费者转而向精神型消费寻求消解孤独的方法。本书提到的推崇活动、文化复古、古着、移居……无一不是精神型消费的代表。

三浦展非常崇拜的德国社会学家马克斯·韦伯把人类的行为划分为目的合理的行为、价值合理的行为、情感行为和传统行为四类。更高的效率、更短的时间、更低的成本……这类行为是目的合理的行为。因为"真、善、美、乐"而触发的行为，则属于价值合理的行为。三浦展在上一本《孤独社会》中提出：目的合理的行为属于生产性原则，而价值合理的行为才属于消费性原则。为了消解孤独而触发的推崇活动、文化复古、古着等精神型消费毫无疑问属于价值合理的行为，而这类行为才是三浦展真正认同的"消费"。

2023 年 2 月底，我带领中国企业家海外游学团和正和岛的 40

余位企业家学员前往日本，向三浦展请教消费的新趋势。在接下来的一年多时间里，我数十次邀请三浦展给中国企业家演讲、分享，与中国企业家的接触，也让三浦展产生了许多新的思考，这些思考都被总结到了本书中。在本书的创作过程中，三浦展早早地预告本书的出版，并邀请我再次担任新书的译者。能再次参与三浦展的新书出版工作，我感到十分荣幸。

最后，对于《孤独消费论》中文版的出版，我要感谢人民邮电出版社袁璐老师对我的持续信任，也要感谢早稻田大学商学院朱伟德老师的支持和帮助。同时，我还必须感谢过去一年多来聆听三浦展的分享、与三浦展探讨交流的数千名中国企业家朋友，你们是《孤独消费论》的共同创作者。

谢文博

2024 年 9 月 10 日 于东京

目录

第二章　孤独感促使搞笑节目消费和美容消费增加

第三章　全民总应援社会

第四章　昭和复古治愈孤独的中年男人

隐秘增长的消费

脱离消费型消费

在过去的 20 多年里，即使收入没有增长，我们还是学会了如何快乐且有意义地生活。与泡沫经济时代 [①] 的消费模式不同，"脱离消费型消费"已经逐渐普及。这种消费形态有以下几个特点。

第一，人们更倾向于购买价格实惠的商品。这并不意味着消费者会选择低质量的廉价商品，相反，他们会寻找物有所值、能为自己带来幸福感和满足感的商品。例如，在百元店 [②] 中能找到具有设计感、可爱且富有创意的商品。

第二，与第一点相关联，人们开始购买二手商品。也就是说，消费者会在各种二手专卖店、在线拍卖平台、网络跳蚤市场、实体跳蚤市场中购物。即使是古着中的高级品，也可能以一两万日元（约合人民币 500 ~ 1 000 元）[③] 的低价购得，性价比极高。

第三，人们会倾向于获取免费的物品。这包括继承家中老一辈遗留下来的物品。如今，如果父母或祖父母去世，我们可以继承他们在经济高速增长期或泡沫经济时代所购买的各种优质物品。不过，当时大家购买的物品往往大同小异，因此它们并不罕见，

---

① 泡沫经济时代：日本在 20 世纪 80 年代末期至 20 世纪 90 年代初期的泡沫经济时期。这一时期，日本的资产价格，包括地产和股票价格，急剧上升，形成了巨大的经济泡沫。

② 百元店：商品均价为 100 日元的低价零售业态。

③ 日元对人民币汇率取 1 : 0.05。

即使在线上出售也不会有很高的价格。但尽管如此，这些物品至今仍具备较高的使用价值，并且过去的商品质量通常更上乘。

第四，人们开始修复损坏的物品，延长其使用寿命。与以往相比，现在人们随手丢弃损坏物品的做法变少，转而选择修理它们，延长其使用寿命。例如，对衣服和包包进行修补改造、翻新二手房屋、维修手表以及进行金缮①活动都变得越来越普遍。尽管有时候修理费用可能相当高昂，甚至买一个新的比修理还划算，但对于长久陪伴在身边、寄托着情感的物品，人们还是愿意投入资金进行维护。此外，自己动手修复物品，如进行金缮等活动，不仅能够带来心灵上的安宁，对忙碌的现代人而言，更是一种心灵疗愈的方式。

即使是 50 年前的立体声设备，经过精心修理后也能播放出悦耳的音乐。有人（包括我自己）更加偏爱那种模拟音质而非数字音质。人们开始意识到，与易损的新产品相比，他们对过去的物品更有情感依恋。因此，人们开始享受修理旧物并持续使用它们的过程，这也更符合可持续发展的目标。

古着也是如此，即使不是名牌，以前的衣服通常也是用上乘的面料和线材制成的，由工艺匠人用心缝制。单是触摸这些衣物就能让人感到幸福，产生极大的满足感。同样地，过去的电器产品也被制造得非常结实耐用。

---

① 金缮：一种传统的修复技艺，用于修补破碎的陶瓷品。

第五，人们开始自行出售物品。大家逐渐认识到，即使是低价购进的二手商品，再次出售时也可能以高于购买价的价格卖出。无论是服饰、黑胶唱片还是公寓，都有可能出现这种情况。例如，如果把家人在 20 世纪 80 年代听过的城市流行音乐 [①] 黑胶唱片放到网上出售，可能会卖到超过 2 万日元（约合人民币 1 000 元）的高价。

第六，人们开始自己动手制作食物。过去，人们可能只是买梅子酒来享用，但如今，如果发现邻居家的庭院里有梅子树，人们可能会向他们讨要些许梅子回家自制梅子酒，也可用这些梅子来制作梅干。这样的经历别有一番乐趣。同样地，酿造花梨酒、制作柚子酱也都是很好的选择。此外，越来越多的人购买大豆来自制味噌。当然，无论是在自家菜园还是市民农园 [②]，种植蔬菜的人数都在稳步增长。共享农田的模式也变得越来越流行。

第七，赠送、接收或交换物品的行为变得更加普遍。据说，过去邻里之间会互相借用酱油或味噌，而今天，人们甚至会把自

---

① 城市流行音乐：英语作 "city pop"，一种在 20 世纪 70 年代末至 20 世纪 80 年代在日本兴起的音乐流派，它融合了爵士乐、流行音乐和 R&B（节奏布鲁斯）等元素。这种音乐风格通常以抒情的旋律、复杂的和声以及对都市生活和浪漫主题的描绘而闻名。城市流行音乐不仅在日本本土受到欢迎，近年来还在国际上重新获得关注，成了复古和怀旧文化的一部分。这种音乐经常被视为高度理想化的都市生活的声音背景，反映了当时日本社会经济繁荣和消费文化的高峰。

② 市民农园：在城市为市民提供的小块农耕地，旨在让居住在城市中的人们有机会种植蔬菜、水果、花卉等，享受园艺带来的乐趣和满足感。这些农园通常由政府、社区组织或私人企业运营，对城市居民开放，城市居民通过租赁一小块土地供个人或家庭耕种。

制的味噌送给熟人。虽然这些自制产品的味道可能不及在商店购买的产品，但它们能够成为人们交流的话题。这回归了以往分享食物的传统，现在遵循这种传统的人越来越多。

总之，近年来，人们不仅通过购买商品来满足消费需求，还通过与物品建立以上提到的新型关系来体验爱和快乐。这些关系通常还能给人们带来额外的收获。

兴趣型消费

近年来，针对特定偶像的推崇活动已成为一种普遍现象。例如，人们会从坂道系①或杰尼斯系②的众多偶像中选出一位作为自己钟爱的"一推"③，并热情地为其应援④。推崇活动的对象不限于演

---

① 坂道系：坂道系列，是指由日本音乐制作人秋元康打造的一系列女子偶像团体的总称。

② 杰尼斯系：杰尼斯系列，是指隶属于日本杰尼斯事务所的一系列男子偶像团体和艺人的总称。杰尼斯事务所创建于 1962 年，现发展为一家著名的艺人经纪公司，以培养和推广男子偶像为主。

③ "一推"：日语作"一推し"，是日语中的一个流行词，常用于描述某人最喜欢或最支持的事物或人物，原意是"强烈推荐"或"最为推崇"。

④ 应援：通过各种方式表达对某人或某团队的支持、鼓励和赞赏的行为。在日本，这个概念经常用来描述粉丝对运动员、艺人等公众人物的支持，不限于口头上的鼓励和赞扬，也包括参加应援活动、购买周边商品和发起应援项目等。应援文化在日本极其发达，尤其在偶像文化、体育赛事和演艺活动中，粉丝的应援行为形式多样，从应援棒、应援团旗、应援歌曲到专门的应援动作和口号，都是表达支持的方式。

员、运动员和地下偶像，甚至还包括动漫角色和作为吉祥物的毛绒玩具。

推崇活动中，支持者不只是对偶像表达敬仰之情（爱与支持），他们同时也寻求偶像对自己的回应。这种双向奔赴的互动感是推崇活动和应援性消费的核心所在：一边支持自己的偶像，一边感受偶像对自己的反馈和支持。

历史上，歌舞伎①演员或宝冢歌剧团②演员的粉丝们进行的支持活动，也可以视为一种推崇活动。然而，现今各式各样的推崇活动已经遍及更广泛的年龄层。

本书还着重探讨了昭和时代③文化的复古。在过去，提起文化复古，通常是指中年男性怀念他们少年时期（昭和三十年代④）的亚文化，但现在，平成时代⑤出生的女性也开始体验并享受昭和时代的文化，仿佛探索一片未知的新世界。

---

① 歌舞伎：一种源于17世纪日本的传统表演艺术，以其独特的妆容、服饰和表演风格著称，是日本文化的重要组成部分。这种艺术形式结合了戏剧、舞蹈和音乐，讲述了从古代传说到当代故事的各种主题。

② 宝冢歌剧团：一家位于日本兵库县宝冢市的全女性表演团体，成立于1913年，以其华丽的服装、宏大的舞台设计和独特的性别角色扮演而闻名。

③ 昭和时代：指1926年至1989年，总计持续了64年。昭和时代以昭和天皇（裕仁）的在位期间为标志，是日本历史上一个极为重要且富于变化的时期。这一时期覆盖了"二战"前后、战后重建、经济高速增长直至泡沫经济的形成。昭和时代日本经历了从军国主义到和平国家的转变，以及从贫困国家成为世界经济大国的崛起。这一时期的日本在政治、经济、社会、文化等多个领域都发生了深刻的变化，对日本国内外都产生了深远的影响。

④ 昭和三十年代：1955年至1964年。这一时期是日本"二战"后复兴的重要阶段，经济开始迅速增长，逐步走向经济高度成长期。

⑤ 平成时代：指1989年至2019年，总计持续了31年。

文化复古的潮流显然已经从父辈传到了子辈。这就意味着，那些缅怀昭和三十年代文化的一代人的孩子们，在父母的熏陶下，自小就对昭和文化有所了解，并在长大后继续主动地去发掘和体验那个时代的文化遗产。例如，我曾在一次聚会上遇见一位 22 岁的年轻女士，她令我颇感惊讶，因为她早在 10 年前就开始参观那些昭和时代风格的旅馆和日式料理店。她解释说这是受到了父母的影响。另外，漫画和 YouTube① 等媒介对她的影响也非常大。据悉，正是通过阅读漫画，她了解到了游廓②，并对游廓建筑产生了深厚的兴趣（详见第四章）。

随着社交媒体、网络购物和二手交易应用软件的普及，人们能够即时接触丰富多样的信息。人们能通过网络资源获得深度知识，甚至能够直接购买相关物品。这种以往被贴上"发烧友"或"御宅族"③ 标签的行为，现在已变得很普遍，就连一些非常小众的兴趣也开始在更广泛的群体中流行起来。

如今，现代消费的焦点已不局限于汽车、时尚等传统领域。即便是在这些领域内，增长的消费趋势也转向了二手商品，如古着，而人们对新商品的热情正在逐渐减弱。在 YouTube 上，人们

---

① YouTube：一个全球性的视频分享网站。

② 游廓：是指日本江户时代到明治时代初期设立的官方认可的红灯区。在这些区域内，妓院得到官方许可经营，而且受到一定的法律保护和监管。

③ "御宅族"：源自日本，原指对动漫、游戏、科幻等亚文化领域有浓厚兴趣和高度投入的人群。

更愿意回顾 40 年前的城市流行音乐、50 年前的摇滚乐，甚至是 70 年前的爵士乐，这些都属于"二手内容"。有些年轻人甚至将从流媒体下载的音乐转录到磁带上，通过祖辈留下的老式单声道录音机播放，他们认为以略带杂音的音质欣赏音乐别有一番风味。这类二手消费行为也是本次调查关注的对象，不过本书将特别关注其中的古着消费现象（详见第五章）。

越孤独越消费

本次调查揭示了推崇活动及文化复古潮流背后的心理因素，在这些行为之下，往往潜藏着孤独感。根据三菱综合研究所 [①] 每年对日本 3 万人进行的生活者市场预测系统 [②] 调查，约有 21% 的人感到孤独（其中，"非常孤独"占 5.2%；"孤独"占 15.6%）。特别是在 20 ~ 39 岁的女性群体中，感到孤独的比例较高（如图 0-1 所示）。在日本的总人口中大约每 5 个人里就有 1 个人感到孤独，而在年轻女性中大约每 4 个人里就有 1 个人感到孤独。正如后文将

[①] 三菱综合研究所：日本一家综合性的研究与咨询机构，成立于 1970 年，总部位于东京。该研究所致力于提供政策研究、经济分析、企业咨询等服务。

[②] 生活者市场预测系统：由三菱综合研究所开发的一种综合性市场分析工具。该系统旨在通过深入分析消费者的生活态度、消费行为以及社会趋势等多个维度的数据，来预测未来市场的变化和发展。

要讨论的，这种孤独感在很大程度上与未婚或独居有关。相比之下，即便男性年龄达到 40 岁，未婚或独居的比例并没有显著减少，因此感到孤独的人数也未见减少。在进一步分析孤独感与消费行为的关系时，我们发现人的孤独感越强，越会消费，其消费覆盖的领域也越多。

因此，可以说孤独是推动消费增长的一个因素！由于孤独隐藏在人们内心隐秘之处，从这个层面上看，消费行为也变得更加隐蔽、私密化。

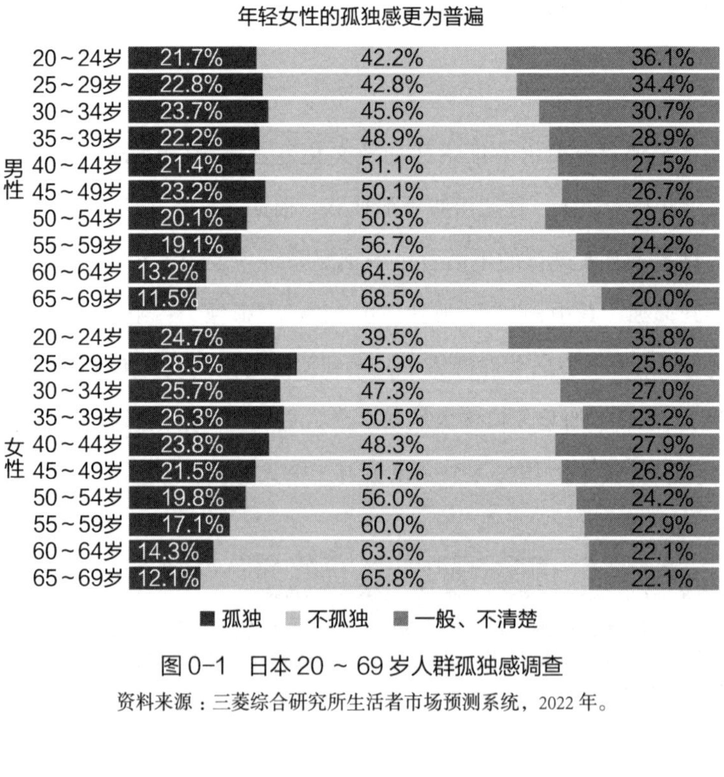

年轻女性的孤独感更为普遍

	孤独	不孤独	一般、不清楚
男性 20～24岁	21.7%	42.2%	36.1%
25～29岁	22.8%	42.8%	34.4%
30～34岁	23.7%	45.6%	30.7%
35～39岁	22.2%	48.9%	28.9%
40～44岁	21.4%	51.1%	27.5%
45～49岁	23.2%	50.1%	26.7%
50～54岁	20.1%	50.3%	29.6%
55～59岁	19.1%	56.7%	24.2%
60～64岁	13.2%	64.5%	22.3%
65～69岁	11.5%	68.5%	20.0%
女性 20～24岁	24.7%	39.5%	35.8%
25～29岁	28.5%	45.9%	25.6%
30～34岁	25.7%	47.3%	27.0%
35～39岁	26.3%	50.5%	23.2%
40～44岁	23.8%	48.3%	27.9%
45～49岁	21.5%	51.7%	26.8%
50～54岁	19.8%	56.0%	24.2%
55～59岁	17.1%	60.0%	22.9%
60～64岁	14.3%	63.6%	22.1%
65～69岁	12.1%	65.8%	22.1%

■ 孤独　■ 不孤独　■ 一般、不清楚

图 0-1　日本 20～69 岁人群孤独感调查

资料来源：三菱综合研究所生活者市场预测系统，2022 年。

在当前的消费文化中，"推崇活动"和"昭和复古"等行为与孤独感的关联性日益显著。如果说在 20 世纪 80 年代之前，人们消费的动机主要是吸引异性，那么现在，这类以吸引异性为目的的消费已经大幅减少。相反，用于消解或减轻孤独感的消费正在增加。

此外，虽然本次调查没有包含这一现象，但本书还提到了一个相关的趋势：近年来，越来越多的年轻人选择搬到郊区居住（详见第五章）。这种搬迁趋势也与孤独感有一定的关联。

地下化消费

无论是脱离消费型消费，还是兴趣型消费，都是个性化的消费行为，它们并非生活必需品或紧急需求。因此，这类消费往往不会出现在消费社会的核心视野中。甚至，它们的消费性质有时也受到质疑。尽管消费者确实为此付了钱，但这些行为看上去并不符合传统的消费模式。

此外，与过去购买汽车、房产、家电和时尚产品的消费习惯不同，特别是与那些力求购买高端商品的消费模式相比，脱离消费型消费和兴趣型消费并不那么直观。它们不像高层住宅、宝马车或路易威登手袋那样显眼。现在，许多消费活动几乎都在智能手机上完成，使得这些消费行为更加低调。然而，这些消费行为确实存在，并且在各个市场形成了相当大的规模。

我们可以将这种现象称为"地下化消费"，也可以认为流行文化正在变得更加细分和隐秘。例如，有些人为了探索地下渠道而走遍全国，这本身就是一种地下化的体现。现代消费社会的特点在于，地下化消费呈现出多点同时爆发的流行态势。

新家庭经济调查

目前，关于脱离消费型消费或兴趣型消费的人群特征及其消费金额的具体情况尚不明确。由日本总务省进行的"家庭经济调查"在费用项目的分类上通常遵循传统的衣、食、住、游、知等类别。这意味着，通过这类调查，我们可以了解按商品和服务分类的消费数据。

然而，例如推崇活动中的消费支出，实际上可能包括了购买CD、现场演出门票、宣传册、T恤等多种多样的商品，这些在"家庭经济调查"中并没有单独统计。此外，消费者购买的是全新商品还是二手商品，这样的细节在家庭经济调查中也无从得知。虽然可以知道购买蔬菜的花销，但是否将蔬菜制作成泡菜则无法从调查中获知。同样地，赠送或收到的物品数量也未知。对消费者来说，单纯因为夏天到来而购买优衣库 T 恤，与为了参加演唱会而购买偶像周边 T 恤，这两种行为的意义截然不同。尽管 CD 和书籍的消费有供应商的统计数据，但这些消费行为是否属于推崇活动的一部分则难以从数据中直接判断。

我实施了一项名为"新家庭经济调查"的问卷调查，旨在根据消费的"意义差异"对其进行分类，并调查相应的消费金额。这项调查的目的是深入理解这些消费行为背后的动机。

虽然本书的分析只覆盖了调查总体中的一小部分，但本书将详细探讨哪些消费者参与了这些消费活动，特别是聚焦于"昭和复古"、"古着"和"推崇活动"等方面。

此外，基于调查中收集到的关于流行消费、二手商品购买、维修费用等方面的回答，本书估算了这些消费行为的市场规模。

【调查概览】

1. 调查名称：新家庭经济调查。

2. 主办机构：文化分析研究所。

3. 调查时间：2023 年 1 月。

4. 调查对象：根据三菱综合研究所生活者市场预测系统发布的 2022 年数据，进行补充调查。调查对象的年龄分布在 20 ~ 69 岁，共计 1 500 人参与。

5.调查方式：采用网络问卷的方式进行。

【问卷内容】

Q1.请在以下各个"~相关"领域中，选择您个人在过去 5 年里的大致消费总额。此处应包括所有相关支出，例如电影、演唱会、现场演出、体育比赛、门票、杂志、书籍、CD、下载、周边商品、旅游、交通、餐饮、设备工具等方面的消费。如有重合可多次计算，请分别选择在各个"~相关"领域的总支出。

1.偶像、推崇活动相关

① 1 000 日元以下（包括几乎没有消费、没有消费）

② 1 000 ~ 5 万日元[①]

③ 5 万 ~ 10 万日元

④ 10 万 ~ 20 万日元

⑤ 20 万日元及以上

（下同）

2.韩国流行文化相关

3.舞蹈相关

---

① 1000 ~ 5 万日元：包含下限而不包括含上限，即包含 1 000 日元而不包含 5 万日元，本书类似金额数据区间同。

4. 漫画、动画及游戏相关

5. 传统艺术相关（如歌舞伎、能剧、狂言、小曲、长歌等）

6. 搞笑节目相关（如漫才、落语、曲艺表演等）

7. 日本战国武将、刀剑等历史相关

8. 复古文化相关（如昭和咖啡馆、昭和歌曲、古老建筑等）

9. 信仰相关（如购买护身符等）

10. 众筹项目相关

11. 足球相关

12. 棒球相关

13. 除足球和棒球外的其他体育活动相关

14. 兴趣爱好型烹饪与烘焙相关

15. 支援灾区群众和受新型冠状病毒感染疫情影响者相关

16. 农业、自家菜园相关

17. 露营、户外活动相关

18. 音乐、摇滚音乐节及演唱会相关

19. 美术、艺术及古董相关

20. 散步、城市漫步相关

21. 健康相关

22. 美容相关（不含医疗）

23. 桑拿、公共浴池相关

24. 饮酒相关（如酒吧、威士忌、葡萄酒、地方特产酒等）

25. 其他特定爱好、娱乐、文化及社会活动相关

Q2. 针对下列二手商品，请选择您个人在过去5年里的大致消费总额。此处只计算您为自己所花费的金额。

1. 古着

① 1 000 日元以下（包括几乎没有消费、没有消费）

② 1 000 ~ 5 万日元

③ 5 万 ~ 10 万日元

④ 10 万 ~ 20 万日元

⑤ 20 万日元及以上

（下同）

2. 二手家具、二手工具、古董

3. 二手电脑、二手智能手机

4. 二手家用电器、二手音视频设备、二手美容仪器

5. 二手家居用品、二手杂货、二手餐具、二手厨具

6. 二手图书、二手杂志

7. 二手化妆品

Q3. 在过去 5 年里，您是否从他人那里获得过（包括继承）以下物品？是 / 否

1. 服饰（除和服外）

2. 和服

3. 家具

4. 家居装饰品、杂货、照明设备

5. 手表

6. 家用电器

7. 家居用品、杂货、餐具、厨具

8. 化妆品、洗发水等美容美发产品

9. 房产

10. 汽车

11. 自行车

12. 蔬菜、水果、鱼类

13. 其他食品

Q4. 在过去 5 年里，如果您对下列物品进行过修理，请选择总修理费用的大致金额。

1. 服饰

① 无

② 1 万日元以下

③ 1 万 ~ 3 万日元

④ 3 万 ~ 5 万日元

⑤ 5 万日元及以上

（下同）

2. 家具

3. 家居装饰品、杂货、照明设备、餐具

4. 电脑、智能手机

5. 家用电器、音视频设备、手表

6. 房产

7. 汽车

8. 自行车

Q5. 在过去 5 年里，您是否自己动手参与过下列物品的制作或种植？是 / 否

1. 梅干

2.除梅干外的腌菜、泡菜

3.梅子酒

4.除梅子酒外的其他果酒

5.服饰

6.编织品、刺绣

7.家具、家居装饰品

8.自家菜园或市民农园中种植的蔬菜和水果

9.杂货、文具、包包、玩偶

10.住宅（包括新建、改造和翻新。仅限于您本人也积极参与了设计或创意过程的情况，即使同时还聘请过建筑师或木工等专业人士也无妨。不包括仅向设计师表达自己需求和期望的情况。）

Q6.请选择您的最高学历。（单选）

1.研究生及四年制一流大学（位于大学整体排名的前三分之一）

2.四年制中等大学（位于大学整体排名的中间三分之一）

3.四年制普遍大学（位于大学整体排名的后三分之一）

4.短期大学、专科学校、技术学院

5.高中及以下

兴趣型消费市场规模约 5 万亿日元

在对消费市场进行详细分析之前，我们首先对不同领域的市场规模进行了估算。在问卷的第一部分（Q1），我们询问了调查参与者的兴趣型消费习惯；而在问卷的第二部分（Q2）至第五部分（Q5），我们则进一步询问了调查参与者在过去 5 年里的脱离消费型消费的支出情况。

基于收集到的数据，我们推算出了兴趣型消费市场的年均规模。为此，我们对那些表示在 5 年内消费额为 0 ~ 1 000 日元（包括几乎没有消费、没有消费）的个体，假定其年均消费额为 100 日元；对于 5 年内消费额为 1 000 ~ 5 万日元的个体，假定其年均消费额为 5 000 日元；对于 5 年内消费额为 5 万 ~ 10 万日元的个体，假定其年均消费额为 1.5 万日元；对于 5 年内消费额为 10 万 ~ 20 万日元的个体，假定其年均消费额为 3 万日元；对于 5 年内消费额为 20 万日元及以上的个体，假定其年均消费额为 6 万日元。

据此，我们计算了不同年龄段样本的年总消费额，并据此得出了调查样本的人均年消费额（如表 0-1 所示）。

最终，我们将这个人均年消费额与日本总务省统计局发布的截至 2023 年 1 月 1 日按年龄划分的估算人口数相乘，得出了各个年龄段的整体市场规模。所有通过计算得出的市场规模数据如表0-2所示，并根据20～29岁人群与60～69岁人群的消费比率差异进行了排序。

如果简单按照人口比例来计算20岁以下与70岁及以上人群的市场规模比率，则得到164%。但本次调查仅涉及个人消费金额，未包括父母为子女的花费等代际消费。若将这部分也考虑在内，则比率会更大。大致上，将这些数字乘以150%～250%，可以近似得到整个人口群体的消费金额。当然，实际的比率会根据具体项目而有所不同。

例如，矢野经济研究所[1]估算动画市场规模约为2 800亿日元，而公益社团法人全国出版协会和出版科学研究所[2]估算的纸质版与电子版漫画市场规模合计约为6 759亿日元。相比之下，我估算的漫画和动画市场规模为3 580亿日元。考虑到20岁以下和70岁及以上人群的市场同样庞大，这一估算结果是比较合理的。

根据人均年消费额的估算，我们得到了兴趣型消费市场的规模，并将其按照20～29岁人群的消费额从高到低排序。

---

① 矢野经济研究所：日本一家知名的市场研究和咨询公司，成立于1958年。

② 公益社团法人全国出版协会和出版科学研究所：日本一个涉及出版行业的重要组织和研究机构。

表 0-1　兴趣型消费人均年消费额

单位：日元

消费领域	总体	20～29岁	30～39岁	40～49岁	50～59岁	60～69岁
偶像、推崇活动相关	3 019	6 566	3 536	2 677	2 158	964
漫画、动画及游戏相关	4 706	6 309	7 073	6 045	3 266	1 349
美容相关（不含医疗）	7 266	6 004	6 929	7 850	7 302	7 920
其他特定爱好、娱乐、文化及社会活动相关	7 137	4 349	4 857	6 119	8 816	10 765
音乐、摇滚音乐节及演唱会相关	3 516	4 199	4 171	3 972	3 237	2 144
饮酒相关（如酒吧、威士忌、葡萄酒、地方特产酒等）	6 153	3 897	4 237	6 202	8 140	7 402
兴趣爱好型烹饪与烘焙相关	2 408	3 644	2 179	2 576	1 845	2 044
健康相关	6 733	3 531	4 390	6 388	8 022	10 447
信仰相关（如购买护身符等）	2 451	3 034	1 736	2 358	2 411	2 766
散步、城市漫步相关	2 661	2 965	2 352	2 986	2 238	2 811
桑拿、公共浴池相关	2 303	2 835	1 783	2 455	2 462	1 965
露营、户外活动相关	2 074	2 765	1 751	2 609	1 517	1 822
棒球相关	1 650	2 517	1 624	1 829	1 466	948
韩国流行文化相关	913	2 372	904	923	462	208
众筹项目相关	1 004	2 227	1 237	912	385	594
美术、艺术及古董相关	1 432	2 095	1 293	997	1 178	1 802
搞笑节目相关（如漫才、落语、曲艺表演等）	864	2 043	908	543	441	696
除足球和棒球外的其他体育活动相关	1 684	1 961	1 121	1 849	1 977	1 426
足球相关	1 365	1 928	1 646	1 956	897	503

消费领域	总体	20~29岁	30~39岁	40~49岁	50~59岁	60~69岁
日本战国武将、刀剑等历史相关	770	1 890	720	643	396	456
舞蹈相关	808	1 837	686	586	328	873
支援灾区群众和受新型冠状病毒感染疫情影响者相关	995	1 725	799	948	730	927
复古文化相关（如昭和咖啡馆、昭和歌曲、古老建筑等）	768	1 713	784	698	415	454
农业、自家菜园相关	1 410	1 710	957	943	1 202	2 353
传统艺术相关（如歌舞伎、能剧、狂言、小曲、长歌等）	743	1 587	885	515	337	644

资料来源：文化分析研究所"新家庭经济调查"，2023 年。

表 0-2　兴趣型消费整体市场规模

金额单位：亿日元

消费领域	总体	20~29岁	30~39岁	40~49岁	50~59岁	60~69岁	消费比率
韩国流行文化相关	695	300	123	160	81	31	968%
偶像、推崇活动相关	2 296	829	480	463	380	144	576%
漫画、动画及游戏相关	3 581	797	961	1 045	576	202	395%
日本战国武将、刀剑等历史相关	586	239	98	111	70	68	351%
足球相关	1 038	243	224	338	158	75	324%
复古文化相关（如：昭和咖啡馆、昭和歌曲、古老建筑等）	584	216	106	121	73	68	318%
众筹项目相关	764	281	168	158	68	89	316%

消费领域	总体	20~29岁	30~39岁	40~49岁	50~59岁	60~69岁	消费比率
搞笑节目相关（如漫才、落语、曲艺表演等）	657	258	123	94	78	104	248%
棒球相关	1 255	318	221	316	258	142	224%
传统艺术相关（如歌舞伎、能剧、狂言、小曲、长歌等）	564	200	120	89	59	96	208%
舞蹈相关	614	232	93	101	58	130	178%
音乐、摇滚音乐节及演唱会相关	2 674	530	566	687	571	320	166%
支援灾区群众和受新型冠状病毒感染疫情影响者相关	757	218	108	164	129	138	158%
兴趣爱好型烹饪与烘焙相关	1 831	460	296	445	325	305	151%
露营、户外活动相关	1 577	349	238	451	267	272	128%
桑拿、公共浴池相关	1 752	358	242	424	434	294	122%
除足球和棒球外的其他体育活动相关	1 282	248	152	320	349	213	116%
美术、艺术及古董相关	1 090	265	176	172	208	269	99%
信仰相关（如购买护身符等）	1 865	383	236	408	425	413	93%
散步、城市漫步相关	2 025	375	319	516	395	420	89%
美容相关（不含医疗）	5 526	758	941	1 357	1 287	1 183	64%
农业、自家菜园相关	1 073	216	130	163	212	352	61%
饮酒相关（如酒吧、威士忌、葡萄酒、地方特产酒等）	4 680	492	575	1 072	1 435	1 106	44%

消费领域	总体	20～29岁	30～39岁	40～49岁	50～59岁	60～69岁	消费比率
其他特定爱好、娱乐、文化及社会活动相关	5 429	549	660	1 058	1 554	1 608	34%
健康相关	5 121	446	596	1 104	1 414	1 561	29%
合计	49 316	9 560	7 952	11 337	10 864	9 603	

资料来源：文化分析研究所"新家庭经济调查"，2023年。

注：消费比率为20～29岁人群与60～69岁人群之间的消费比率。

首先，从兴趣型消费人均年消费额看，不同年龄段在与偶像、推崇活动相关的消费上差异尤为显著。在这个领域，20～29岁人群的人均年消费额几乎是紧随其后的30～39岁人群的两倍。

而在漫画、动画及游戏相关的消费中，30～39岁人群的人均年消费额较为突出，40～49岁人群也有相对较高的人均年消费额。

在美容相关的消费中，40～49岁及60～69岁人群消费更为集中。

对于其他特定爱好、娱乐、文化及社会活动相关消费，60～69岁人群的平均年消费额最高。

音乐、摇滚音乐节及演唱会相关的消费在20～29岁、30～39岁、40～49岁人群中普及程度较高，在不同年龄段人群中的差异较小。可以说，这一领域活动的广泛流行始于"团块二代"①。

至于饮酒相关消费，50～59岁人群消费最多，而40～69岁

---

① "团块二代"：日本团块世代（即"二战"后婴儿潮一代）的子女，出生于1971年到1974年。这一代人的价值观、消费行为和社会观念受到了这些经济和社会变化的影响，与他们的父母世代有着显著的不同，其特点和行为模式常常被用来研究日本社会的变迁和未来趋势。

人群则是这一领域的主要消费者。

兴趣爱好型烹饪与烘焙相关消费在 20 ～ 29 岁人群中更为普遍，因为这被视为一种"兴趣爱好"，而非日常生活的必需。

健康相关消费在 60 ～ 69 岁人群中呈现出压倒性的优势。随着年龄的增长，这种消费趋势明显上升。

在信仰相关消费方面，20 ～ 29 岁人群的消费最为突出。确实，如今在寺庙经常可以看到许多年轻人的身影。

散步、城市漫步相关消费在不同年龄段间差异不显著，20 ～ 29 岁和 40 ～ 49 岁的人群消费较多。

对于桑拿、公共浴池相关消费，20 ～ 29 岁人群消费最多，50 ～ 59 岁及 40 ～ 49 岁人群则紧随其后。

在涉及棒球、韩国流行文化、漫才[1]及其他搞笑节目、历史、舞蹈、复古文化，以及传统艺术等相关消费领域中，20 ～ 29 岁的年轻人群占据了压倒性的消费优势。看来，年轻人的兴趣爱好正在从足球逐渐转向棒球。

对于众筹项目和支援型消费，20 ～ 29 岁的年轻人同样表现突出。这究竟是因为他们拥有更强的利他主义价值观，还是由于他们的生活压力相对较小？关于这一点，我将在后文进行详细阐述。

在农业、自家菜园相关的消费中，60 ～ 69 岁人群最为积极，

---

[1] 漫才：日本的一种搞笑节目表演形式，类似中国的对口相声，以一种幽默的口吻对日常生活话题进行调侃和讽刺。

但出乎意料的是，20～29岁的年轻人群紧随其后。一位在市民农园种菜的人曾告诉我，他目睹过一些20～29岁的年轻男性在农园里一边欢笑一边辛勤劳作的场景。在共享住宅或共享厨房这样的共享空间里，兴趣活动非常流行，即大家一同参与非工作性质的兴趣爱好。在这些活动中，常常会设立一个"园艺部"，专门负责种植蔬菜和花卉。当然，正式从事农业工作的年轻人数量也在增加，偶尔去乡下帮忙做农活的人也变得越来越多。这种社会趋势让年轻人更加乐意接触农业和自家菜园。

若从接触大自然的角度来看，露营、户外活动与农业也有相关性。在这一领域的消费上，40～49岁人群较为普遍，而20～29岁人群最为踊跃。这可能与一人露营①的潮流有关。

在兴趣型消费整体市场规模方面，美容相关消费以5 526亿日元（约合人民币276亿元）领先，居首位。紧随其后的是其他特定爱好、娱乐、文化及社会活动相关消费，达到5 429亿日元（约合人民币271亿元）。其余领域依次为与健康相关消费，达5 121亿日元（约合人民币256亿元）；与饮酒相关消费4 680亿日元（约合人民币234亿元）；漫画、动画及游戏相关消费为3 581亿日元（约合人民币179亿元）；等等。

从不同年龄段市场规模的比率差异来看，20～29岁人群与

---

① 一人露营：英语作"solo camp"，指一个人独立进行的露营活动，不同于传统的家庭或团体露营，它强调个人独立与亲近自然。在追求个人空间和精神独立的现代人中，这种活动变得越来越流行。

60 ～ 69 岁人群在韩国流行文化相关消费上的比率为 968%，差距最为显著；其次是偶像和推崇活动相关消费，比率为 576%；再次是漫画、动画及游戏相关消费，比率为 395%。此外，日本战国武将[①]、刀剑等历史相关，足球相关，复古文化相关（如昭和咖啡馆、昭和歌曲、古老建筑等），以及众筹项目相关消费的比率均超过了 300%。

此外，本次预估的兴趣型消费市场总规模高达 49 316 亿日元（约合人民币 2 466 亿元）。当然，除了本次调查涉及的项目，还可能存在众多其他消费领域，本次调查并未能完全覆盖兴趣型消费的整体市场。

二手商品消费市场规模约 1.1 万亿日元

二手商品消费作为"脱离消费型消费"的代表，在几乎所有类别中，人均年消费额最高的为 20 ～ 29 岁年龄段的消费者。而在古着这一类别中，人均年消费额最高的是 40 ～ 49 岁的群体（如表 0-3 所示）。正如后文所分析的，这主要是因为 40 ～ 44 岁的男性对古着的消费特别多。

根据本次调查的结果，市场规模最庞大的是与古着相关的部

---

① 日本战国武将：日本战国时代（15 世纪末到 17 世纪初）的地方领主和军事指挥官。

分，估计达到 2 132 亿日元（如表 0-4 所示）。古着市场扩大的背后，一个关键因素是社会倡导 SDGs[①]。无论是制造商丢弃未售出的服装，还是消费者摒弃已经购得的衣物，这样的行为在当今社会都不被推崇。社会正逐步向物品回收、再利用、再改造的方向迈进，以实现商品的最大化利用。近年来，也正是基于这种趋势，大量来自欧美的古着涌入日本市场。能以合理的价格购买到高质量的商品，本身就是一件好事。当下日本社会经济增长停滞不前，而消费者的需求与 SDGs 不谋而合，使得那些曾在繁荣年代购入的日本及欧美服饰，现在得以以古着的形式重新受到消费者的青睐。

表 0-3　二手商品人均年消费额

单位：日元

二手商品	总体	20～29岁	30～39岁	40～49岁	50～59岁	60～69岁
古着	2 803	3 155	3 135	3 268	2 189	2 388
二手家具、二手工具、古董	1 674	2 297	1 802	1 707	1 162	1 597
二手电脑、二手智能手机	2 402	3 068	2 106	2 566	2 005	2 386
二手家用电器、二手音视频设备、二手美容仪器	1 893	2 667	1 906	1 969	1 453	1 656
二手家居用品、二手杂货、二手餐具、二手厨具	1 797	2 440	1 762	1 739	1 363	1 863
二手图书、二手杂志	2 560	2 720	2 535	2 763	2 278	2 543
二手化妆品	1 531	2 147	1 658	1 405	1 180	1 453

资料来源：文化分析研究所"新家庭经济调查"，2023 年。

---

① SDGs："可持续发展目标"，Sustainable Development Goals 的缩写，这是联合国在 2015 年提出的一系列全球性目标。

表 0-4　二手商品年消费市场规模

単位：亿日元

二手商品	总体	20 ～ 29 岁	30 ～ 39 岁	40 ～ 49 岁	50 ～ 59 岁	60 ～ 69 岁
古着	2 132	398	426	565	386	357
二手家具、二手工具、古董	1 274	290	245	295	205	239
二手电脑、二手智能手机	1 827	387	286	444	353	356
二手家用电器、二手音视频设备、二手美容仪器	1 439	337	259	340	256	247
二手家居用品、二手杂货、二手餐具、二手厨具	1 366	308	239	301	240	278
二手图书、二手杂志	1 948	344	344	478	402	380
二手化妆品	1 164	271	225	243	208	217
合计	11 149	2 335	2 024	2 666	2 050	2 074

资料来源：文化分析研究所"新家庭经济调查"，2023 年。

根据 2021 年 12 月发布的 *REPORT OCEAN*[1]，预计全球古着市场在 2021 ～ 2027 年的年均复合增长率将超过 11.1%。

美国二手时尚电商平台 Thred Up[2] 在美国进行的一项调查表明，美国古着市场增速是传统时尚零售市场的 11 倍，预计到 2030 年，其市场规模将达到 840 亿美元（约合 11 万亿日元，人民币

---

[1] *REPORT OCEAN*：由名为"Report Ocean"的公司发布的研究报告。该公司是提供全球市场研究报告和行业分析的专业机构，旨在为企业决策者、分析师、研究机构和个人提供深入的市场洞察和趋势预测。

[2] Thred Up：美国的线上二手时尚平台，成立于 2009 年，专注于提供可持续时尚解决方案，旨在通过二手交易促进环境保护和资源循环利用。

5 500 亿元）。与此同时，快时尚^①市场的预估规模约为 400 亿美元（约合 5.2 万亿日元，人民币 2 600 亿元），这意味着古着市场的规模将是快时尚市场的两倍以上。此外，据"SUSTAINABLE BRANDS 日本版"^②2021 年 8 月 6 日的报道，与购买新衣相比，购买古着可以减少二氧化碳的排放。

根据矢野经济研究所的预测，2022 年的日本时尚回收市场（包括古着、包包、珠宝、贵金属、手表等）规模达到 9 900 亿日元（约合人民币 495 亿元），而且近几年来该市场每年以 10% 的速度增长。另外，包括销往海外的二手商品的部分，以高端品牌手袋为主的二手市场，其规模已达到 3 万亿日元（约合人民币 1500 亿元）。与日本全国百货商店 5.7 万亿日元（约合人民币 2 850 亿元）的销售额相比，古着及相关二手市场的规模已经超过了日本全国百货商店销售额的一半。

---

① 快时尚：以快速生产和高周转率为特征的服装业模式，旨在将最新的时尚趋势从设计师的创意设计转化为价格亲民的服饰，并通过广泛的零售网络迅速推向市场。

② "SUSTAINABLE BRANDS 日本版"：专注于可持续发展理念和实践在日本的应用与推广的信息平台。

第 一 章

推崇活动是孤独者的"宗教"

如同"宗教"仪式般的推崇活动

"推崇活动"一词是日本近期流行的新词汇，主要指的是持续关注并支持喜爱的艺人，购买相关商品的活动。近些年来，参与这种活动的人数显著增长，特别是在20多岁的女性群体中，她们的参与比例从2011年的10.2%上升到了2022年的16.2%。同时，在同一时期内，30～39岁女性的参与比例也有所提升，从6.5%提升至10.5%（如图1-1所示）。

在本次问卷调查中，我们提出了以下问题：请在以下各个"～相关"领域中，选择您个人在过去5年里的大致消费总额。此处应包括所有相关支出，例如电影、演唱会、现场演出、体育比赛、门票、杂志、书籍、CD、下载、周边商品、旅游、交通、餐饮、设备工具等方面的支出。如有重合可多次计算，请分别选择在各个"～相关"领域的总支出。

一般而言，与"坂道系"偶像相关的消费更容易被归类为与"偶像、推崇活动"有关，而对足球运动员、歌舞伎演员、搞笑艺人、摇滚音乐家的支持则往往被视为与足球、传统艺术、搞笑节目、音乐领域相关的消费。然而，广泛来讲，这些支持行为都可以视为推崇活动的形式。举例来说，昭和复古爱好者所支持的可能是建筑或其他非人物实体，但这同样可以看作参与了推崇活动。

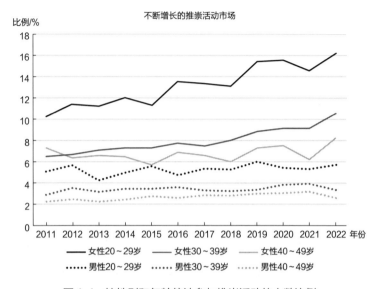

图 1-1　按性别和年龄统计参与推崇活动的人数比例

资料来源：三菱综合研究所生活者市场预测系统，2011—2022 年。

　　在我看来，现代的推崇活动与过去的追星行为在本质上并无太大区别，但二者仍存在差异。我这一代人购买如克里姆森国王 ①、齐柏林飞艇 ②、披头士 ③ 等传奇摇滚乐队的特别版 CD 套装，更多地反映出我这一代人对这些魅力巨星的追捧和迷恋，在购入克里姆森国

---

① 克里姆森国王：英语作 "King Crimson"，英国摇滚乐队，成立于 1969 年。

② 齐柏林飞艇：英语作 "Led Zeppelin"，英国摇滚乐队，成立于 1968 年。

③ 披头士：英语作 "The Beatles"，英国摇滚乐队，成员包括约翰·列侬、保罗·麦卡特尼、乔治·哈里森和林戈·斯塔尔。披头士是 20 世纪最具影响力的乐队之一，以其创新的音乐风格、深刻的歌词和广泛的文化影响而著称。

王的新专辑时更是如此。

相较之下，现代的推崇活动似乎表现出了更多的主动性和个人倾向，这一点在粉丝支持那些尚未成名的人物或物品时尤为明显。因此，购买传奇摇滚乐队的 CD 套装更像是一种被动接受的消费模式。这样看来，对地下偶像、小型现场表演中的不知名乐手、四处奔波的赶场歌手或搞笑艺人的支持，更契合现代推崇活动的特点。

犹如护身符般的推崇活动周边商品

在当代社会，推崇活动的一个显著特征是周边商品异常火爆。尽管在过去，我们也能见到追随娱乐明星或棒球运动员的粉丝群体，但即便是像吉永小百合[①]、长岛茂雄[②]、王贞治[③]这样的名人，其周边商品都相对较少，大多数名人仅有印有他们照片的明信片或杂志附赠的海报。例如，如果在 20 世纪 60 年代推出号码为 3 的球

①　吉永小百合（1945—）：日本著名女演员，以其清纯的形象和精湛的演技在日本影坛享有盛誉。

②　长岛茂雄（1936—）：日本职业棒球界的传奇人物。

③　王贞治（1940—）：日本棒球史上最伟大的球员之一。

衣①，这种球衣毫无疑问会大受欢迎，但那个年代并没有专门销售这类商品的店铺。因此，那个年代的粉丝通常会直接前往演唱会现场或棒球场，希望能从偶像那里获得签名。

实际上，偶像崇拜或对偶像的追随行为有着悠久的历史。例如，对歌舞伎演员、宝冢歌剧团演员，甚至像杉良太郎②这样稍显过时的名人，其粉丝们的行为也可以视为一种推崇活动。相扑的谷町③也算是推崇活动，尽管这通常被称作后援会。

其实，对普通人来说，他们的经济条件可能并不足以支撑自己参与这些活动。如果没有周边商品这一途径，他们就无法通过金钱消费来支持自己推崇的对象。参加演唱会、观看戏剧表演、购买各类周边商品是普通人支持偶像的方式。此外，他们还会在社交媒体上进行免费的自发宣传，这种方式虽然没有金钱上的投入，但同样是一种支持的表现。据报道，粉丝会在偶像过生日时自发组织生日派对，并将庆祝的照片上传到 Instagram④上，这证明即使是普通人也能通过投入金钱或时间来表达对偶像的支持和崇拜。

在某种程度上，这种行为与购买护身符或祈福符的做法相似。

---

① 号码为3的球衣：鉴于长岛茂雄在棒球界的影响力，他曾身披的3号球衣后来被视为明星球员的标志。

② 杉良太郎（1944—）：日本老牌男演员、歌手。

③ 谷町：此处用作行业隐语，代指那些暗中资助相扑力士、与之进行联谊的群体。

④ Instagram：社交媒体平台。

一旦愿望成真，粉丝会向他人传播这些护身符或祈福符的神奇效果。在现代社会中，消费行为可以看作一种"宗教"活动，偶像推崇消费与宗教行为在某种程度上是相通的。①

本次调查结果显示，在 50 ～ 59 岁及以上的人群中，与信仰相关的消费更为普遍，而日本年轻人则更倾向于进行偶像推崇相关的消费（如图 1-2 所示）。这可能意味着日本的年轻一代正在尝试从推崇活动中找到某种与信仰功能相似的东西。

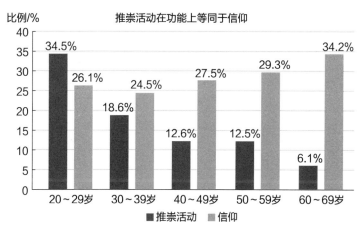

图 1-2　按年龄统计推崇活动与信仰消费额超过 1 000 日元的人数比例

资料来源：文化分析研究所"新家庭经济调查"，2023 年。

总而言之，偶像在粉丝心中拥有近乎神圣的地位，可以说是

一定程度扮演了神灵的角色。因此，如果说推崇活动在功能上等同于宗教行为，倒也不足为奇。

让我们首先从狭义上分析推崇活动，即偶像推崇活动相关消费。

推崇活动消费常见于未婚女性和已婚男性

根据性别和年龄的统计数据，偶像推崇活动相关消费（以下简称"推崇活动消费"）在 20 ~ 29 岁男女中较为常见，在女性群体中表现尤为突出（如图 1-3 所示）。

在过去 5 年里，有 23.2% 的 20 ~ 29 岁女性在推崇活动上的消费总额为 5 万日元及以上，而 20 万日元及以上的比例达到了 5.2%；在 30 ~ 39 岁的女性中，推崇活动消费总额为 20 万日元及以上的比例为 4.6%，据说其中有些人为了追随心爱的杰尼斯系偶像，会参加所有场次的演唱会，年消费额甚至超过 50 万日元（约合人民币 2.5 万元）。尽管进行推崇活动消费的 20 ~ 29 岁男性也不在少数，但其中年消费额为 20 万日元及以上的比例为 3.2%，而年消费额为 5 万日元及以上的比例为 16.1%（如图 1-3 所示）。

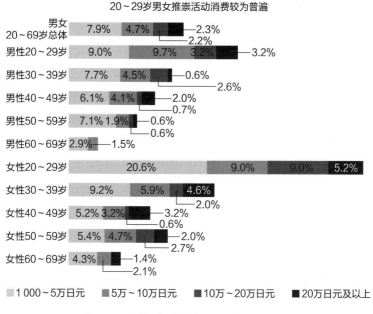

图 1-3　按性别和年龄统计推崇活动消费额

资料来源：文化分析研究所"新家庭经济调查"，2023 年。

接下来，为了深入了解推崇活动消费在未婚与已婚人群中的差异，我们根据性别和婚姻状况，对 20～29 岁以及 30～39 岁这两个人群进行推崇活动消费额统计。结果显示，未婚女性在推崇活动上的消费额显著高于已婚女性。另外，在年消费额为 5 万～20 万日元的男性中，已婚者的比例则超过了未婚者。进一步地，针对 20～39 岁的已婚女性，我们按照是否有子女对其推崇活动消费额进行了统计分析，发现二者之间并无显著差异（如图 1-4 所示）。

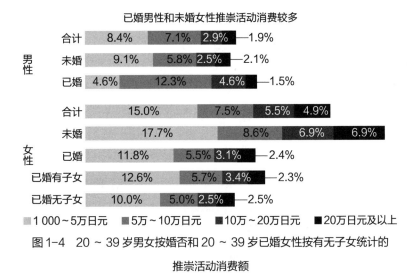

图1-4　20～39岁男女按婚否和20～39岁已婚女性按有无子女统计的

推崇活动消费额

资料来源：文化分析研究所"新家庭经济调查"，2023年。

这表明，相较于是否有子女，婚姻状况对推崇活动消费的影响更为突出。换言之，已婚女性可能因为缺乏进行推崇活动的需求、时间及经济资源，而减少了在推崇活动上的投入，现实生活中的丈夫和孩子成了她们新的"推崇对象"。

20～29岁的啃老单身族和独居女性推崇活动消费更多

通过对20～49岁人群的家庭类型进行分析，我们发现

20 ～ 29 岁的啃老单身族 [①] 在推崇活动消费上较为突出，尤其是在女性中这一现象更加明显（如图 1-5 所示）。

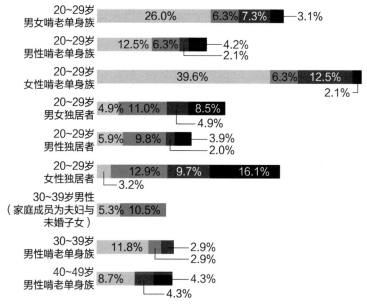

图 1-5　20 ～ 49 岁男女按家庭类型统计的推崇活动消费额

资料来源：文化分析研究所"新家庭经济调查"，2023 年。

---

① 啃老单身族：英语作"parasitic single"，此处是指在日本社会中，那些成年后还选择住在父母家、依赖父母经济支持而未独立生活的单身成年人。这一现象反映了部分成年人延迟离家、推迟结婚和生育的社会趋势。

紧接着是 20 ～ 29 岁的独居人群。同样地，独居女性在其中尤为明显。

　　而在男性方面，30 ～ 49 岁的啃老单身族也有较多的推崇活动消费。此外，30 ～ 39 岁的已婚且育有子女的男性也参与了推崇活动的消费，其中年消费额在 5 万 ～ 10 万日元的比例达到了 10.5%，甚至超过了同年龄段的男性啃老单身族。

　　已婚男性持续进行推崇活动消费的情况看似有些出乎意料，这可能与他们比未婚男性拥有更多的可支配收入有关。同时，也有可能是婚姻生活使他们更深刻地认识到偶像的价值。毕竟，偶像不仅不会向粉丝抱怨，还会不断表达感激之情，也不会向粉丝提出购物要求。然而，即便如此，粉丝仍会自发购买周边商品，以这种方式为偶像做出贡献。

　　在几年前的工作中，我遇到了一位大约 30 岁的男性，他一直在积极进行坂道系偶像的推崇活动。由于已婚，他觉得很难向妻子坦白这件事，所以偷偷租了一个房间用于进行推崇活动。我记得在某档综艺节目中，也出现过一位芭比娃娃的狂热收藏者，他在家人不知情的情况下租了房间来存放芭比娃娃（由于芭比并非真实人物，所以未必算是推崇活动）。由此看来，这种秘密房间的存在并不少见。

　　根据三菱综合研究所生活者市场预测系统的分析，近年来，即便年轻人有恋人，他们仍会感到孤独，已婚者同样如此。特别是在新型冠状病毒感染疫情暴发之后，这种现象愈发显著。我们常听闻疫情导致夫妻间争吵增多。夫妇双方由于全天待在家中，更容易发现彼此间缺乏理解和协作，这无疑会加剧他们的孤独感，使得他们转向推崇活动以寻求慰藉。当然，对于啃老单身族和独居者参与推崇活动的现象，孤独同样是一个重要的因素。

当我们将人们当前的孤独感受与推崇活动消费额进行统计对比时，结果清晰地显示，感到孤独的人群在推崇活动上的消费额更高。无论男女，都呈现出一个明显的趋势：孤独感越强，他们在推崇活动上的消费就越多（如图 1-6 所示）。在女性群体中，即便是不感到孤独的人也会参与推崇活动消费，但消费额超过 5 万日元的人数较少。

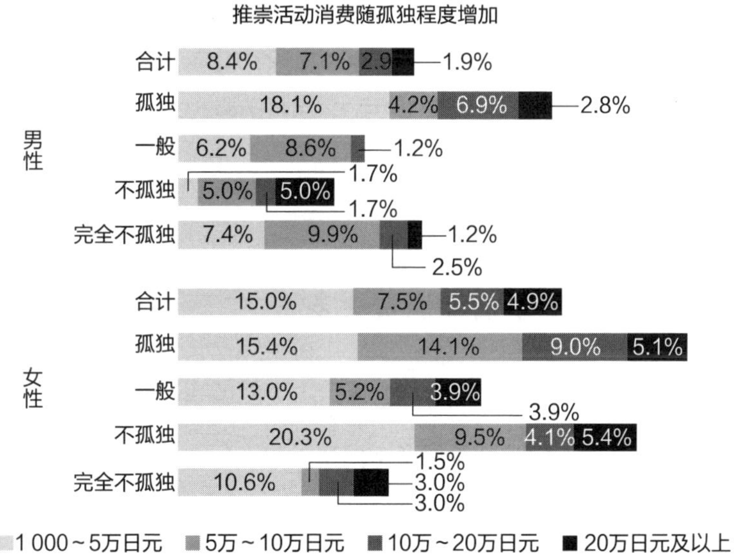

推崇活动消费随孤独程度增加

图 1-6　20 ~ 39 岁男女按孤独程度统计推崇活动消费额

资料来源：文化分析研究所"新家庭经济调查"，2023 年。

孤独感可能与恋爱或婚姻状况相关联。我们对 20 ～ 39 岁人群按照是否有恋人进行了推崇活动消费额的统计，结果显示，单身女性的推崇活动消费额明显高于有恋人的女性的（如图 1-7 所示）。然而，对男性来说，是否有恋人似乎与他们的推崇活动消费无关。

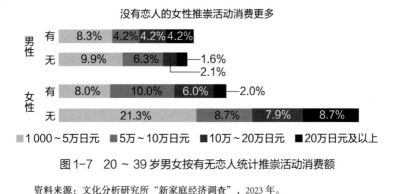

没有恋人的女性推崇活动消费更多

图 1-7　20 ～ 39 岁男女按有无恋人统计推崇活动消费额

资料来源：文化分析研究所"新家庭经济调查"，2023 年。

单身女性的推崇活动消费更多

在对日本不同社会阶层及不同恋爱状态的女性进行交叉统计分析时，我们发现一个显著的趋势：从下层到中层，再到上层，单身女性在推崇活动上的消费额逐渐增加（如图 1-8 所示）。特别值得注意的是，中、下层单身女性在推崇活动上的消费与有恋人的上层女性接近，这揭示了偶像作为情感替代品的现象在中、下层女性中尤为突出。另外，这也说明即使上层女性拥有恋人，她们同样会参与推崇活动。

有恋人的上层女性亦有推崇活动消费

	1 000～5万日元	5万～10万日元	10万～20万日元	20万日元及以上
合计	17.2%	8.9%	7.2%	6.7%
上层、有	20.0%	10.0%	10.0%	10.0%
上层、无	18.8%	18.8%	12.5%	12.5%
中层、有	8.3%	16.7%		
中层、无	25.6%	4.7%	11.6%	7.0%
下层、有	8.7%	4.3%		
下层、无	21.8%	10.9%	3.6%	9.1%

图1-8　20～39岁女性按社会阶层和有无恋人统计推崇活动消费额

资料来源：文化分析研究所"新家庭经济调查"，2023年。

当我们结合婚姻状况与社会阶层，对20～39岁女性进行交叉统计分析时，数据显示，未婚的上层女性在过去5年里推崇活动消费额为5万日元及以上的比例高达40%，而对于已婚的上层女性，这一比例仅为11.5%（如图1-9所示）。这一结果表明，即使是社会地位较高的女性，面对未婚和孤独感，也可能通过参与推崇活动来寻求心灵慰藉。

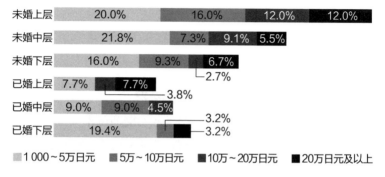

图 1-9 20 ～ 39 岁女性按婚否和阶层统计推崇活动消费额

资料来源：文化分析研究所"新家庭经济调查"，2023 年。

对 30 ～ 39 岁的女性群体而言，拥有孩子的人中仅有 2.9% 在推崇活动上的消费超过 10 万日元，而在没有孩子的女性中，这一比例为 9.8%。这在一定程度上表明，推崇活动在某种意义上可以视为对孩子的一种替代。

家庭满意度低的女性更易投身于推崇活动

孤独的背后，往往隐藏着对家庭沟通不畅的不满。因此，家庭满意度越低，女性在推崇活动上的消费就越多。

当女性对家庭感到不满时，她们往往会转向推崇活动寻求慰藉（如图 1-10 所示）。她们会将自己对丈夫和孩子的爱转移到偶像身上；同时，她们也会用从偶像那里获得的爱，来弥补自己从丈夫或孩子那里得不到的爱。

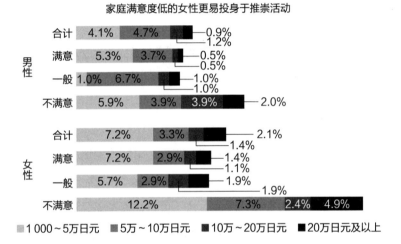

图 1-10　20 ～ 69 岁已婚男女按家庭满意度统计推崇活动消费额

资料来源：文化分析研究所"新家庭经济调查"，2023 年。

随着孤独社会[①]现象日益显著，推崇活动消费持续增长。社会的变迁，如未婚率上升、离婚率攀升、女性越来越多地投身于社会工作，以及个人主义的广泛流行，共同推动了孤独社会的形成与发

---

① 孤独社会：在现代社会中，由于个体主义的增强、家庭结构的变化、社区联系的减弱及社交媒体的普及等因素，人们虽然身处人群之中却感到孤独和隔离，详见拙作《孤独社会》。

展。尽管结婚和生育仍被看作缓解孤独的传统途径，并且这种看法依旧根深蒂固，但如果女性与丈夫或孩子的关系不和谐，她们仍旧会感到孤独。为了填补这种内心的空缺，推崇活动及其相关消费便应运而生。

个人自由度提升伴随着孤独感加剧，导致更多人投身于推崇活动

正如前文所讨论的，当人们在恋爱、婚姻或家庭关系中遇到挫折时，他们往往会转向推崇活动寻求慰藉。通过参与推崇活动，人们找到了一种缓解孤独感的方法（值得注意的是，朋友的数量与推崇活动消费之间并没有明显关联）。从这个视角来看，偶像崇拜可以视为对恋人、配偶或孩子的一种替代。

例如，在见证大谷翔平[①]在球场上的出色表现后，人们可能会幻想拥有这样一位男友或儿子是多么幸福的事情。正是这种心理驱动了推崇活动的不断发展。

或者可以说，"治愈"这一概念正在被"推崇活动"所取代。当然，并非所有推崇活动都是为了寻求治愈，但作为治愈的补充

---

① 大谷翔平（1994—）：日本职业棒球运动员。

或变体，推崇活动确实在逐渐流行。与被动、静态的治愈相比，推崇活动更具主动性。

根据谷歌 2021 年的搜索关键词分析，"如何治愈（how to heal）"这一关键词的全球搜索频率自 2004 年 1 月以来达到了历史最高点。"治愈"一词的流行实际上可追溯到 20 世纪 90 年代初的美国，不久之后也在日本开始流行。1991 年，评论家大冢英志还出版了《治愈系消费》① 一书。

因此，治愈热潮已经持续了三十余年，与日本所谓的"失去的三十年"② 相契合。在这漫长的三十年间，即便辛勤工作，薪资增长也微乎其微，人们无疑迫切需要寻求心灵的慰藉。

值得注意的是，推崇活动在新型冠状病毒感染疫情暴发之前便已开始流行，并在疫情期间迅速发展壮大。从被动的治愈到积极的推崇活动的转变，这并不简单地意味着人们变得更加积极向上，反而反映出人们遭受了更深刻的伤害，对治愈的需求愈发迫切。

---

① 《治愈系消费》：日文书名『〈癒し〉としての消費』，该书深入探讨了消费行为作为一种心理和情感治愈手段的现象。

② "失去的三十年"：指日本在 1991 年泡沫经济崩溃后，进入长期的经济停滞和萧条状态，这一时期大约从 20 世纪 90 年代初持续到 21 世纪 20 年代初。

创造出需要自己的"某某某"

在如今推崇活动和应援消费日益增长的社会中，如果一个人感觉自己既不被人追随又缺乏支持，会有什么后果呢？不难想象，这样的情境会让人深感孤独。换句话说，正是这种孤独感驱使人们投入推崇活动。有些人正是因为感到自己不被任何人需要，于是试图创造出一些需要自己的"某某某"。

正如日本一位哲学家所言："我们真正追求的不是自由本身，而是一种感觉，即一切似乎都是按照某种必然性发生的。而且，我们必须在其中扮演一定的角色；如果我们不扮演这个角色，整个进程就会受阻，时间仿佛停滞——我们所渴望的是这种存在的实感。"生活的意义，源自"活在必然性中的那种实在感"，正如这位哲学家在《人间·这戏剧性的玩意》[1]中所表达的那样。

现代人歌颂自由，也无法放弃自由。然而，正因如此，人们越发感受到孤独的存在，在尝试摆脱孤独的过程中反而受到束缚。例如，尽管单身生活可以非常自由，但有些人还是会选择养一只小狗。这意味着这些人要负责喂食、遛狗、处理小狗生病的问题及出差时寻找寄养之所等一系列烦琐事务，即便这样会承担额外

---

① 《人间·这戏剧性的玩意》：日文书名『人間・この劇的なるもの』，是日本哲学家福田恒存的著作之一，深入探讨了人的存在、社会行为及人与人之间关系的戏剧性质。

的责任，他们还是愿意饲养小狗。通过照顾一个没有自己就无法存活的生命，人们会感到自己的存在变得更有意义，从而有助于驱散孤独感。

人们工作也是出于同样的道理。实际上，能够将自己喜欢的事情转变为职业的人毕竟是少数。绝大多数普通人即使对工作没有热爱，依旧会坚持工作。因为他们意识到自己的工作对他人而言是必需的。例如作为驾驶员，如果不驾驶公交车，乘客便会遭遇困难；作为办公楼的保安，如果不开门，员工就无法进入大楼；作为家庭中的一员，如果没人烹饪，全家人就会饿肚子。正是因为他们意识到自己的缺席会给别人带来麻烦，而自己的存在则能让整个系统运转顺畅，所以他们才选择投身于工作。这可以证明他们的存在是有意义的。

推崇活动消费的背后隐藏着这样一种心理：如果没有我这个粉丝，偶像可能就会失去光彩。这类似于父母对待孩子、管理者对待组织的心态。然而，实际上即便缺少了父母和管理者，孩子仍旧能成长，组织也能运作。人们既渴望得到他人的爱，同时也想给予他人爱，而偶像对一些人来说，正是这种爱最合适的寄托。

即便是有了恋人，恋爱关系也未必稳定，不总能消除孤独感。婚姻或许能减轻孤独感，但随之而来的可能是一系列烦恼。但是，人们内心仍然渴望去爱他人。更深层地，人们希望自己所付出的爱能得到回报，希望自己的爱是被对方所需要的，希望自己的爱能让对方感到快乐。

扮演丈夫、妻子、父亲或母亲等角色往往要承担某种责任，但从孤独的角度出发，乐于承担这些角色的责任的人通常较少感到孤独。而那些拒绝扮演这些角色，既不想成为丈夫、妻子，也不想成为父亲、母亲的人，往往只剩下作为子女的身份。在这种情况下，对父母的满意程度将在他们心中占据极其重要的位置，这也是"父母彩票"①这一概念流行的原因所在。

如果一个人对自己的家庭感到不满，那么朋友关系就可以成为减轻孤独感的重要途径。如果对朋友关系感到满意，孤独感自然就会得到减轻。若对朋友关系也存在不满，那么在工作或学业上的高满意度也能减轻孤独感（如图 1-11 所示）。如果家庭、朋友和工作或学业都未能带来满足感，那么这个人就必须作为一个独立的个体去寻找自我价值。然而，这并不容易实现。或许人们正是因为内心渴望成为重要的个体，才会在 YouTube、Instagram、TikTok②等社交媒体上积极展示自己。如果在这些平台上也无法找到属于自己的舞台，人们就更加倾向于投身各类推崇活动和兴趣爱好，从中寻找满足。

---

① "父母彩票"：日语作"親ガチャ（おやがちゃ）"，是一个日本网络流行语，用于形容一个人出生时所遇到的家庭环境和父母条件完全是由命运决定的，好比在游戏中随机抽取奖励一样。

② TikTok：抖音国际版。

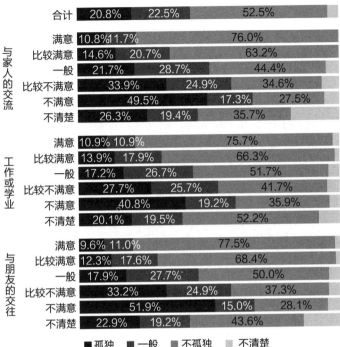

対人際関系不満的人更易感到孤独

	孤独	一般	不孤独	不清楚
合計	20.8%	22.5%	52.5%	

与家人的交流

満意	10.8%	11.7%	76.0%	
比較満意	14.6%	20.7%	63.2%	
一般	21.7%	28.7%	44.4%	
比較不満意	33.9%	24.9%	34.6%	
不満意	49.5%	17.3%	27.5%	
不清楚	26.3%	19.4%	35.7%	

工作或学业

満意	10.9%	10.9%	75.7%	
比較満意	13.9%	17.9%	66.3%	
一般	17.2%	26.7%	51.7%	
比較不満意	27.7%	25.7%	41.7%	
不満意	40.8%	19.2%	35.9%	
不清楚	20.1%	19.5%	52.2%	

与朋友的交往

満意	9.6%	11.0%	77.5%	
比較満意	12.3%	17.6%	68.4%	
一般	17.9%	27.7%	50.0%	
比較不満意	33.2%	24.9%	37.3%	
不満意	51.9%	15.0%	28.1%	
不清楚	22.9%	19.2%	43.6%	

■ 孤独　■ 一般　■ 不孤独　■ 不清楚

图1-11　20～69岁的人对家庭、工作或学业、朋友的满意度与孤独感的关系

资料来源：文化分析研究所"新家庭经济调查"，2023年。

中层人群偏爱虚拟体验，上层人群享受真实互动

接下来，我们来探究那些处于社会下层、经济条件相对紧张，

却在推崇活动上不惜重金的人们的消费模式。通过分析推崇活动消费额为 5 万日元及以上的人群的休闲偏好，我们发现，在下层人群中，有 44.9% 的人选择"购买喜欢的艺人的周边商品、追随他们"，这一比例明显高于中层和上层人群（如表 1-1 所示）。此外，下层人群对卡拉 OK、演唱会、小型现场演出等娱乐活动的参与度也超过了中层和上层人群，而这些活动很可能都是围绕他们所喜爱的艺人进行的。

表 1-1　20 ～ 69 岁推崇活动消费额 5 万日元及以上的人，按社会阶层统计
休闲活动参加率前 10 位

上层（23 人）		中层（64 人）		下层（49 人）	
休闲活动	参加率	休闲活动	参加率	休闲活动	参加率
购物	39.1%	通过录像或视频等方式观看电影	42.2%	购买喜欢的艺人的周边商品、追随他们	44.9%
演唱会、小型现场演出	34.8%	在电影院观看电影	35.9%	演唱会、小型现场演出	40.8%
通过录像或视频等方式观看电影	30.4%	购物	34.4%	在电影院观看电影	36.7%
品尝美食	30.4%	用手机玩游戏	29.7%	用手机玩游戏	28.6%
温泉	30.4%	演唱会、小型现场演出	28.1%	通过录像或视频等方式观看电影	26.5%
购买喜欢的艺人的周边商品、追随他们	26.1%	购买喜欢的艺人的周边商品、追随他们	28.1%	购物	26.5%
在电影院观看电影	26.1%	阅读（除漫画外）	26.6%	使用电脑（除玩游戏外）	24.5%

上层（23人）		中层（64人）		下层（49人）	
休闲活动	参加率	休闲活动	参加率	休闲活动	参加率
阅读（除漫画外）	26.1%	使用任天堂Switch、PS5、Xbox等家用游戏机玩游戏	26.6%	阅读（除漫画外）	24.5%
阅读漫画	26.1%	使用电脑（除玩游戏外）	23.4%	阅读漫画	18.4%
旅游	26.1%	使用任天堂Switch Lite、3DS或PSP等便携式家用游戏机玩游戏	23.4%	卡拉OK	18.4%

资料来源：文化分析研究所"新家庭经济调查"，2023年。

对上层人群而言，与温泉相关的消费更为普遍。从购物位居榜首、品尝美食排在第四位可以推测，除了对推崇活动的消费，上层人群还参与了更多高价值的真实体验型消费。

而中层人群的游戏消费则显得较为普遍。除此之外，电影、视频、游戏等多种媒介的娱乐消费在中层人群中同样常见。与上层人群相比，中层人群更偏向于虚拟体验型消费。

另外，据说上层的中年女性所热衷的推崇活动包括参加心仪演员在邮轮上的晚宴演出，或者与同样偏爱年轻演员的女儿一同出席小型现场演出或音乐会。中年女性可能对独自参与与年轻演员有关的活动有所忌惮，她们便以陪伴女儿的名义前往，并承担所有费用。这样的安排似乎能让母女都从活动中获得满足。

　　此外，还有观点指出，中岛美雪^①的演唱会吸引了许多中老年男性粉丝，他们会购买原创的羊羹等周边商品。尽管我们尚未深究他们选择购买羊羹的具体原因，但这显然表明中老年男性在推崇活动上也热情满满。

---

① 中岛美雪（1952—）：日本著名的女歌手、作词家、作曲家和电视节目主持人。

第二章

孤独感促使搞笑节目
消费和美容消费增加

推崇活动、漫画、韩流、搞笑节目之间的关联性

除了对推崇活动的直接消费，还存在一系列与之紧密相关的其他消费。根据统计分析，在 20 ~ 29 岁的女性群体中，有 41% 的人在推崇活动上的消费超过 10 万日元，同时在漫画、动画和游戏领域的消费超过 5 万日元。同样地，还有 27% 的人在推崇活动的消费超过 10 万日元，对韩国流行文化的投入也超过了 10 万日元。此外，另有约 15% 的人在推崇活动上消费超过 10 万日元的同时，也在昭和复古、应援活动和搞笑节目等领域进行了相应的支出。

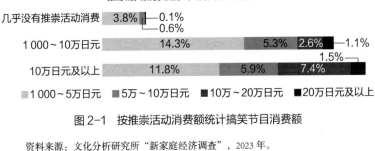

图 2-1　按推崇活动消费额统计搞笑节目消费额

资料来源：文化分析研究所"新家庭经济调查"，2023 年。

当然，这些数据并没有明确指出这是否意味着在推崇活动之外，人们又在漫画、动画和游戏上额外增加了 5 万日元的消费，或是这些消费已经包括了通过动漫歌曲、角色扮演等方式为明星

进行推崇活动的支出。不过可以确定的是，这些领域无疑存在大量的消费行为。

接下来，我们将着重探讨与搞笑节目相关的消费情况。

唯有他能以三倍的趣味回应我

如今在日本，搞笑艺人也已经成为新的偶像类型。实际上，近 10 年来，女明星或女主持人越来越偏爱选择搞笑艺人作为人生伴侣。曾经，人们崇拜和向往的可能是歌舞伎演员、电影电视明星或是歌手，但现今，日本最受欢迎之人非搞笑艺人莫属。日本已经进入了一个无论是备受喜爱的女演员、艺术家还是主持人，都希望与搞笑节目男艺人结婚的时代。而在此前，日本女性理想的配偶还可能是运动员，再早一些则是年轻的企业家，时代的风潮已然改变。

运动员往往不常在家，他们对饮食等还有着严格的标准，因此他们需要的是一位能够扮演母亲角色的伴侣。对当今的年轻女性而言，他们并非理想的生活伴侣。

相较之下，尽管我们不清楚搞笑艺人在家中的时间有多少，但他们应该不会像运动员那样长期在外，而且在家中也能给女性带来欢笑，这或许是他们最大的魅力所在。有一位曾是日本广播协会（NHK）主播、现为明星的女性，她非常漂亮且广受欢迎。据说在一次参加联谊会后，她收到了三位男士的约会邀请，但她最终选择了一位外表并不出众的搞笑艺人作为丈夫。她表示，虽然很多男性认为她谈吐风趣，但唯有成为她丈夫的这位男士能以三倍的趣味回应她，这正是她决定与他共度一生的原因。

这表明，具有较强沟通能力的男性更受青睐。然而，提升沟通技巧与积累财富一样富有挑战性，甚至更为艰难。财富即便在缺乏品位的情况下也能积累（或许正是因为缺乏品位反而更容易积累财富），但提升沟通技巧确实需要一定的品位，个人不仅需要勤奋努力，还需具备某种天赋。因此，在日本，现在确实是一个男性搞笑艺人广受欢迎的时代。

上层社会的孤独男女更热衷于搞笑节目消费

鉴于50岁及以上和50岁以下人群在搞笑节目消费方面呈现出明显不同的趋势，我们专门对20～49岁的男性和女性进行了详细统计。若从社会阶层角度进行分析，一个突出的现象是，上层女性对搞笑节目的消费特别多（如图2-2所示）。总体而言，年收入越高的群体，其对搞笑节目的消费也越多，这一现象在女性中尤为显著。然而，从受教育水平的角度分析，并未发现明显的消费趋势。基本上可以得出结论，高收入女性对搞笑节目有更强的偏好，由此也可以推断，搞笑艺人已经成为她们的推崇活动的关注焦点。

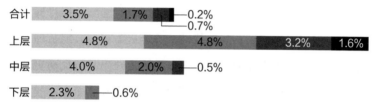

上层女性更爱搞笑节目

图2-2 20～49岁女性按社会阶层统计搞笑节目消费额

资料来源：文化分析研究所"新家庭经济调查"，2023年。

当我们深入探讨孤独感与搞笑节目消费之间的关联时，发现在上层人群中，无论男女，那些感到孤独的人更倾向于消费搞笑节目内容，这一倾向在上层女性当中尤其突出（如图2-3所示）。年收入超过400万日元（约合人民币20万元）且感到孤独的女性，在搞笑节目消费上也更为活跃。而在男性群体中，则是那些年收入不足100万日元（约合人民币5万元）且感到孤独的人，更倾向于投入搞笑节目消费。

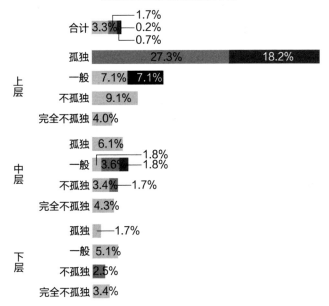

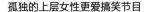

孤独的上层女性更爱搞笑节目

图 2-3　20 ~ 49 岁女性按社会阶层和孤独程度统计搞笑节目消费额

资料来源：文化分析研究所"新家庭经济调查"，2023 年。

此外，若从婚姻状况的角度来观察，我们发现未婚男女的搞笑节目消费不是最多的，离异者或丧偶者在搞笑节目上的支出明显更高（如图 2-4 所示）。这进一步证实了，孤独感与搞笑节目消费之间存在某种联系。但由于离异者或丧偶者的样本数量不多，这一结果仅供参考。

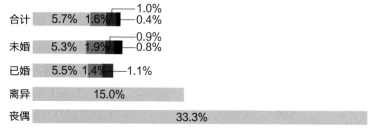

图 2-4　20～49 岁人群按婚姻状况统计搞笑节目消费额

资料来源：文化分析研究所"新家庭经济调查"，2023 年。

再考虑到是否拥有恋人的情况，无论是男性还是女性，没有恋人的人对搞笑节目的消费相对较少，这一点在两性中是共通的。若没有恋人却不感到孤独，那么搞笑节目消费会相对较低；相反，即使有恋人却感到孤独，搞笑节目消费则会增加。这个发现颇为耐人寻味。通常，人们寻找伴侣，部分原因是为了消解孤独，但现实却是，哪怕有了伴侣，孤独感仍可能如影随形。正因如此，有伴侣的人可能会更强烈地感受到无法被完全理解的孤立无援，从而陷入更深的孤独之中，这是一种极其复杂的情感状态（详见拙作《孤独社会》）。

最后，当我们结合有无恋人的情况和社会阶层进行交叉统计分析时，无论是男性还是女性，上层社会中那些没有恋人的人，在搞笑节目消费方面投入更多。特别是在女性群体中，这一趋势尤为显著，她们中搞笑节目消费额为 10 万日元及以上的比例很高

（如图 2-5 所示）。

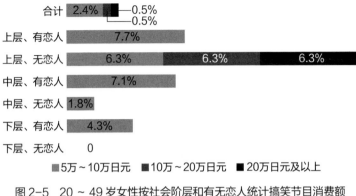

图 2-5　20 ～ 49 岁女性按社会阶层和有无恋人统计搞笑节目消费额

资料来源：文化分析研究所"新家庭经济调查"，2023 年。

搞笑节目剧院成为地方复兴的新引擎

无论是推崇活动消费还是搞笑节目消费，似乎都与孤独感有着千丝万缕的联系。我们尝试列出了 20 ～ 49 岁感到孤独的女性在过去 5 年里消费额超过 5 万日元的领域，并按消费额从高到低进行排序：

美容消费 31.8%；

推崇活动消费 22.1%；

饮酒消费 16.8%；

其他特定爱好、娱乐、文化及社会活动消费 15.9%；

健康消费 15.0%；

漫画消费 15.0%；

音乐消费 14.2%；

散步消费 11.5%。

从数据可以看出，美容消费位居榜首。然而，感到孤独的程度与美容消费额并没有明显的相关性。不论是否感到孤独，美容消费额基本持平。

同时，那些感到孤独并且美容消费额超过 10 万日元的女性，年龄多集中在 35 ~ 49 岁，她们离异的比例也较高。这些女性大多是正式职员，独居，受教育水平至少为四年制一流大学，年收入超过 300 万日元（约合人民币 15 万元）。

这可能与包括所谓的冰河期世代 [1] 在内的群体有关，尽管他们的年收入增长停滞，或许通过换工作等方式从非正式员工转变为正式员工，得到的待遇却并不尽如人意。随着年龄的增长，其中有高达 61% 的人认为未来"充满了不确定性"。

在其他特定爱好、娱乐、文化及社会活动消费方面，推崇活动和信仰相关的支出较多。对于 40 ~ 49 岁的女性来说，这一时期可能是她们考虑生育的最后时机，而对男性而言，40 ~ 49 岁则可

---

[1] 冰河期世代：大约在 20 世纪 90 年代中后期到 21 世纪初期，当时日本经济停滞不前，就业机会减少，新毕业生难以找到稳定工作。这个时期的经济状况被比喻为"就业冰河期"，受此影响而步入社会的年轻人则被称为"冰河期世代"。

能是他们职业生涯的巅峰时期。这种差异给女性带来了巨大的孤独感和不安，进而促使她们投身于各种与爱好相关的消费活动。

饮酒消费位列第三，在如今日本职场女性与单身女性人数日益增加的大背景下，这似乎并不令人意外。的确，越来越多的女性选择独自前往酒吧。

散步作为一种通常独自进行的活动，很可能与个体的孤独感有着密切的关联。

然而，搞笑节目消费仅占 5.5%。尽管孤独的上层女性和高收入女性更倾向于消费搞笑节目内容，但由于电视上可以免费观看大量搞笑节目，因此这方面实际的支出相对较低。

相反，如果将电视上免费可看的搞笑节目转为通过 Netflix^① 等订阅服务付费观看，那么未来可能会出现一个庞大的"孤独搞笑节目市场"。吉本兴业^② 在元宇宙中的付费演出时代或许即将来临。

吉本兴业正积极将剧院活动推广至日本各地。对于那些通过电视和网络了解到的搞笑艺人，尤其是那些尚未成名的艺人，前往剧院观看他们的现场表演，成为粉丝并进行推崇活动的方式，预计在未来将进一步增加。

---

① Netflix：一家总部位于美国的全球性流媒体服务提供商，Netflix 为用户提供了一个内容丰富的在线观看平台。

② 吉本兴业：日本综艺娱乐公司，成立于 1912 年，总部位于大阪。它是日本最大的搞笑节目（漫才和小品）制作公司之一，拥有数百名艺人。

我曾有幸在大阪的 Namba Grand Kagetsu[1] 观看过漫才现场表演，其乐趣远超在线上观看。这不仅因为现场能够呈现线上不允许播放的内容，更因为现场的氛围与线上观看时截然不同。艺人们在现场精准把握仅有百分之一秒的绝佳时机，用恰到好处的停顿引得观众爆笑连连。即便是非常简单的笑料，只要反复呈现，也能引发观众的阵阵笑声。未来，搞笑节目剧院很可能在日本全国范围内得到推广，并获得前所未有的欢迎。换言之，若想推动地方复兴，建立搞笑节目剧院无疑是一个有效的策略。

　　实际上，吉本兴业已经推出了一项名为"定居艺人"[2]的创新项目，旨在将其旗下的艺人送往日本各地，其中大多数艺人被派往各自的故乡。这些艺人不仅搬迁到当地生活，开展与该地区紧密相关的娱乐活动，而且还会参与推广旅游景点和特色产品、为当地的节日庆典增添活力等多样化的活动。此外，吉本兴业还启动了与农业相关的企划——"吉农"，在这一框架下，"农业定居艺人"计划也已经开始实施。这些艺人在当地公共团体的邀请下，以农业合作队员的身份，一边从事演艺工作，一边参与农业活动，实现了跨界合作的新模式。

---

① Namba Grand Kagetsu：吉本兴业旗下运营的一处搞笑节目剧院。

② "定居艺人"：日语作"住みます芸人"，是吉本兴业推出的一个项目，旨在将旗下的搞笑艺人派驻至日本各地的城镇和乡村，让他们深入当地生活，并进行搞笑节目表演和其他文化活动。这些艺人通常会参与当地的节日活动，助力推广当地旅游和特产，帮助振兴地方经济和文化。这个项目不仅为艺人提供了展现才华的新平台，也使他们能够与当地社区建立深厚的联系，促进地方和艺人之间的互动和了解。

RECRUIT 公司 ① 发布的 "SUUMO 最渴望居住街道排行榜" ②
揭示了一个有趣的现象：在 20 ~ 39 岁的人群中，大宫地区超越了
一直以来备受欢迎的吉祥寺，位列榜单的第二名。这一变化可能
与吉本剧院的存在不无关系。大宫 RAKUUN 吉本剧场 ③ 孕育了一
个名为 "大宫 SEVEN" ④ 的七人搞笑节目团体，他们肩负着振兴埼
玉市的使命，并于 2015 年起担任埼玉市观光大使。这样的行动显
然对提升大宫在最渴望居住街道排行榜中的名次起到了积极作用。

孤独男性的美容消费更多

在讨论美容消费时，我们不应仅关注女性消费者，20 ~ 49 岁
感到孤独的男性群体同样值得关注。调查数据显示，在过去 5 年
中，感到孤独的男性消费额超过 5 万日元的领域，按消费额由高
到低排序如下：

漫画消费 30.6%；

---

① RECRUIT 公司：一家总部位于日本的大型人力资源和信息服务公司，成立于 1960 年。

② "SUUMO 最渴望居住街道排行榜"：由 RECRUIT 公司旗下的房地产信息服务品牌
SUUMO 发布的一个年度调查排名。

③ 大宫 RAKUUN 吉本剧场：埼玉市大宫区的一个搞笑节目剧院，位于名为大宫 RAKUUN
的购物中心内。

④ "大宫 SEVEN"：一个由七名搞笑艺人组成的日本搞笑节目团体，隶属于吉本兴业。

饮酒消费 20.7%；

音乐消费 19.8%；

美容消费 18.9%；

健康消费 16.2%；

散步消费 16.2%；

棒球消费 14.4%；

推崇活动消费 13.5%。

其中，漫画消费位居第一，这在预料之中；而饮酒消费排在第二位，也反映了男性消费的普遍趋势。

特别值得注意的是，"孤独"男性的美容相关消费比例高达18.9%。相比之下，"不孤独"的男性在这方面的消费比例只有11.7%，而在"完全不孤独"的男性群体中，这一比例更是低至7.5%，三者之间的差距十分明显。这一现象表明，感到孤独的男性更倾向于进行美容消费。

在当今社会，外貌已经成了公众关注的焦点。尤其是对 50 岁以下的男性来说，在他们的生活环境里，一个体重过重的人可能会被视为自我管理能力不足，并且可能影响职业发展。因此，他们对包括体形在内的美容相关话题特别感兴趣。

男性消费者不仅对生发剂有需求，市面上针对男性的护肤产品种类也在增加，这些产品甚至能够专门解决皱纹、色斑等具体的皮肤问题。此外，越来越多的男性开始光顾健身房，服用营养补充剂也渐渐成为他们日常生活的一部分。

那个认为工作能力优于一切，外表无关紧要的时代已经不复存在。现在，人们越来越相信工作能力与外貌之间存在正相关的关系。因此，那些对自己的外貌不自信的男性，更容易感到孤独，这种孤独感反过来又促使他们在美容消费上投入更多。

在健康消费方面，男性的消费比例为16.2%，略高于女性；而在音乐消费上，男性的消费比例达到了19.8%，同样超过了女性。确实，在男性群体中，组建乐队、热衷于购买CD或黑胶唱片的现象更为普遍，这些活动可能与他们的孤独感有关。此外，男性的散步消费也超过了女性，这或许与他们的饮酒消费有一定的关联。

具体到体育活动，孤独男性的棒球消费占比为14.4%，这一数据颇为引人注目。相比之下，足球消费及其他体育活动（除去足球和棒球）的消费占比均为9.9%。棒球似乎更受孤独男性的青睐。相较于足球，棒球比赛中投手与击球员之间有较多的一对一对决，并且比赛需要遵循教练的战术安排。这些特点使得棒球运动与孤独感之间似乎具有某种相似性，与其消极地看待孤独感，不如把它当作势均力敌的对手，在人生中享受与其博弈的乐趣。

从这些数据可以看出，孤独感实际上是现代消费行为的一个重要而普遍的基础。除了家庭内部的孤独感，单身者、老年人、离异者及父母离异的儿童等容易感到孤独的群体数量也在增长，反映出社会结构的变化和个体心理状态的多样性。

孤独感促使人们增加消费

孤独感作为一种心理状态，促使人们在不同领域增加消费。尽管不孤独的人在某些领域的消费也可能较高，但在本次调查中，我们并未发现他们在任何领域的消费额明显高于那些感到孤独的人。

如果非要说的话，女性在健康消费方面，完全不感到孤独的女性中有 7.5% 的人消费额超过 20 万日元，而在感到孤独的女性中，这一比例为零。这表明感到孤独的人在健康领域的消费可能较少，这本身也是一个值得关注的问题。

换言之，孤独感似乎是促使人们增加消费的一个因素。

此外，有人可能会认为与信仰相关的消费与孤独感之间存在密切的联系。然而，数据显示，尽管感到孤独的人在信仰上的消费意愿更强，但实际消费超过 5 万日元的人群占比很小，并且消费额并不高。

值得注意的是，信仰消费在 60 ～ 69 岁的男性群体中较为普遍，这可能更多地反映了信仰作为传统或习俗的特点，而非其在现代社会中的特定意义。

　　进一步分析发现，信仰消费与其他消费领域普遍存在较高的相关性，但没有任何特定消费领域与信仰消费呈现出较其他领域显著突出的相关性。这表明，无论进行何种类型的消费，信仰因素都或多或少地渗透其中。

　　或许，如前所述，在现代社会中，推崇活动、搞笑节目、美容等消费在某种程度上正在取代信仰消费。

　　最后，即使同为信仰消费，人们的参与方式也各不相同。如果不对信仰内容进行更细致的分类和深入的调查，就难以准确分析出与信仰相关的现代消费趋势。

第 三 章

全民总应援社会

应援消费为何增加

近年来，在日本，众筹已经演变成一种流行的现象。根据日本众筹协会[①]的数据，众筹市场规模在这几年里显著增长，2017年的市场规模达到了 77 亿日元（约合人民币 3.85 亿元），而到了 2020 年，这个数字更是飙升至 501 亿日元（约合人民币 25.05亿元）。

同时，"应援消费"这一概念也应运而生。从助力活动到援助灾区等，应援消费涵盖支持各类活动的广泛消费行为。显然，众筹消费是应援消费中的一个重要组成部分。

大约 20 年前，斯里兰卡发生了地震，造成了巨大的损失。我有一位朋友从事旅游业，她策划了组织志愿者前往斯里兰卡灾区的项目。我协助她联系了一位主流报纸的记者进行报道，结果吸引了大量的志愿者报名，我们组织了三辆巴士前往。类似的志愿活动还有许多。

人们普遍认为，1995 年是日本志愿活动的起点，尤其是在阪神大地震之后，大量志愿者奔赴灾区。虽然之前就存在志愿活动，但那一年，许多从未参与过志愿活动的人首次加入了志愿者行列，因而 1995 年被视为一个起点。到了 2011 年的东日本大地震时，志

---

① 日本众筹协会：一个专门致力于众筹行业发展的组织，在日本推广和监管众筹活动。

愿活动已经变得普遍，名人参与灾区救援的情况也明显增多。

在我的观察中，建筑装修等项目的众筹比较常见，但也有更为严肃的众筹项目，例如"袴田事件"①。在该事件中，为了争取"再审无罪"，支持者通过众筹募集了约 1 800 万日元（约合人民币90 万元）。

我认为，众筹可能演变为一种新的社会参与方式，它可以作为非营利组织（Non-Profit Organization，NPO）的替代品或补充。在过去 30 年里，NPO 认证法人数量稳步上升，它们承担了许多社会责任，推动了众多社会事业。与此同时，众筹提供了一种轻松的社会支援手段。

具体来说，NPO 的认证法人数量从 1998 年的 23 个增加到1999 年的 1 724 个，2000 年进一步增至 3 800 个。自那以后直到2011 年，每年增加量保持在 3 000 ~ 5 000 个（根据日本内阁府②资料）。此后，增长势头有所放缓，在 2017 年达到 51 866 个之后，略有减少，2022 年为 50 368 个。随着众筹市场规模的快速增长，NPO 的认证法人数量继续减少。

① "袴田事件"：1966 年在日本静冈县发生的一起谋杀案。袴田岩被指控杀害了一家四口并放火焚烧房屋，随后被捕并判处死刑。此案因证据不足、审判过程存在争议而引起广泛关注。袴田岩坚称自己是无辜的，寻求重审。这个案件成为日本司法史上最知名的冤案之一，在社会上引发了人们对司法正义和重审制度的深刻讨论。

② 内阁府：日本政府的一个重要机构，直属于首相，负责协调政府的各项政策和行政管理。

体育报道使应援日常化

应援消费之所以大幅增长，背后的原因值得深入研究。

最主要的原因可能在于大众传媒为人们提供了更多共同参与应援的机会。虽然两次大地震是显著的触发点，但在日常生活中，体育领域的应援尤为普遍。与四五十年前相比，当时可能只有棒球（包括职业球队、高中和大学球队）得到媒体的广泛报道，而现在，足球、花样滑冰等各类体育赛事几乎成了媒体报道的日常内容，成为公众应援的焦点。

年轻一代可能不太了解，在新闻节目中大量播报体育新闻其实是近 30 年才兴起的现象。回顾 50 年前，电视新闻中能够以视频形式播放体育赛事的项目非常有限，基本上只限于棒球赛事、相扑赛事和奥运会，而且内容也相对简略。与当今的报道相比，那个时代的体育新闻报道显得相当简单。

因此，当 1976 年富士电视台推出"职业棒球新闻"，开始播放比赛的精彩片段时，这一举动被视为一次划时代的变革。朝日电视台也通过"大相扑摘要"节目，覆盖了所有相扑比赛。由此可见，在当时，详细的体育视频报道是多么稀缺。

然而，可以说 1993 年 J 联赛 ① 的成立是一个重要转折点。在 J

---

① J 联赛：日本的职业足球联赛，始于 1993 年，是日本足球和亚洲足球中最高水平的联赛之一。

联赛成立之后，体育不仅成了营利的途径，还能够激发人们的热情与关注，从而使得媒体对体育的关注急剧增加。就奥运会的报道而言，过去只在奥运会临近时才会集中报道，但现在，一年到头都在报道奥运选手的故事。无论是乒乓球还是羽毛球，都有详尽的视频报道。人们通过呼喊"加油，日本！加油，某某选手！"等方式，不断进行应援。当然，随着互联网信息的普及，即使电视上没有直播，人们也能随时参与应援，通过购买相关商品来表达他们的支持。

应援已成互动模式

当支持的运动员或团队表现卓越时，我们感受到的不仅仅是"感动"，还有"勇气"和"活力"。这种现象实际上形成了一种互动性的"相互应援"模式。

流行音乐界也反映了这种群体力量的趋势。坂道系和杰尼斯系等，都表明了当今的流行音乐更青睐团体而非个人独唱。在这些团体中，成员之间的互助、支持和鼓励取代了单一的领军人物形象。粉丝看到团体成员间相互扶持，会给予他们更多的支持，而艺人则以回馈粉丝的方式形成一种双向的相互应援。

在体育赛事转播中，我们也常看到运动员互相鼓励的画面，这既是现代体育的特色，也是体育报道的特点。以往由于技术限制，摄像机很少捕捉到棒球队伍替补席上的情况，如今则不同，我们能通过摄像机看到运动员们经常通过击掌等肢体语言表达对彼此的认可和支持。体育活动已经从粉丝对运动员的单向支持，转变为运动员间的相互鼓励，而观众则因见证这种友谊和支持而感动。

从这个角度来看，现代日本可谓是一个"全民总应援社会"。在这样的社会里，无数人在支持他人的同时，也接受着别人的支持，这些温馨的互助场景深深打动着人心。

这也体现了我提出的第四消费时代①的特征，即比起追求物质财富，现代社会更加重视精神富足、人际关系和社会链接。人们通过相互应援获得快乐和满足感。

换句话说，人们发现了更多值得支持的事物。比如，那些承载着当地居民美好回忆和怀旧情怀的老电影院、商店、咖啡馆、日式料理店等，面临关闭境况的越来越多。于是，人们开始更积极地支援这些地方，希望它们能继续经营；即便最终不得不关闭，人们也会在最后时刻前去光顾，表达自己的支持与不舍。这种行为越发普遍，反映出人们对共同记忆和情感的重视。

---

① 第四消费时代：三浦展在其著作《第四消费时代》中提出的概念。

众筹在年轻一代中已成常态

在深入分析本次调查结果之前，我们需要对应援消费的分类有一个清晰的认识。根据调查，应援消费应明确划分为不同领域：例如，棒球应援归于棒球类，足球应援归于足球类，偶像应援则归于推崇活动类。此外，应援消费被特别定义为涉及支援灾区群众和受疫情影响者的消费。尽管各类消费中都包含一定比例的应援消费和推崇活动消费，但本次调查并未对众筹的应用范围设限，而是将应援消费限定在特定领域内。

从数据来看，我们发现一个明显的趋势：应援消费额和众筹消费额上升时，推崇活动消费额也随之上升（如图3-1、图3-2所示）。

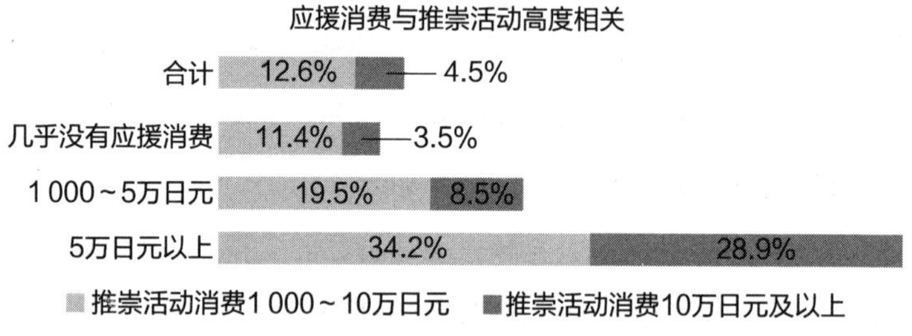

应援消费与推崇活动高度相关

合计 **12.6%** —— 4.5%

几乎没有应援消费 **11.4%** ——3.5%

1 000~5万日元 **19.5%** **8.5%**

5万日元以上 **34.2%** **28.9%**

■ 推崇活动消费1 000~10万日元　■ 推崇活动消费10万日元及以上

图 3-1　按应援消费额统计推崇活动消费额

资料来源：文化分析研究所"新家庭经济调查"，2023 年。

合计 12.6% —4.5%

几乎没有众筹消费 10.4% —3.6%

1 000~5万日元 19.5% 8.5%

5万日元以上 34.2% 28.9%

■ 推崇活动消费1 000~10万日元　■ 推崇活动消费10万日元及以上

图 3-2　按众筹消费额统计推崇活动消费额

资料来源：文化分析研究所"新家庭经济调查"，2023 年。

年龄分布方面，众筹消费在年轻人中尤为流行，特别是对于 20 ~ 34 岁的男性，他们中的参与者数量显著高于女性（如图 3-3 所示）。相反，推崇活动的消费在女性中更为普遍。可以说，在现代社会中，众筹已被广泛认可，被视为现代且具有精英特征的行为模式。

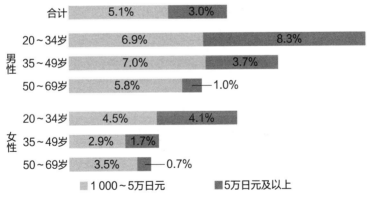

越年轻众筹消费越多

合计 5.1% 3.0%

男性
20~34岁 6.9% 8.3%
35~49岁 7.0% 3.7%
50~69岁 5.8% —1.0%

女性
20~34岁 4.5% 4.1%
35~49岁 2.9% 1.7%
50~69岁 3.5% —0.7%

■ 1 000~5万日元　■ 5万日元及以上

图 3-3　按性别和年龄统计众筹消费额

资料来源：文化分析研究所"新家庭经济调查"，2023 年。

同时，我们注意到，在 20 ~ 34 岁的男性中，应援消费金额也相对较高。虽然在女性群体中，中老年人的应援消费额超过了年轻女性，但这一数额仍未超过 20 ~ 34 岁男性的应援消费额（如图3-4 所示）。这些数据表明，不同年龄和性别的群体在众筹消费和应援消费上存在差异。

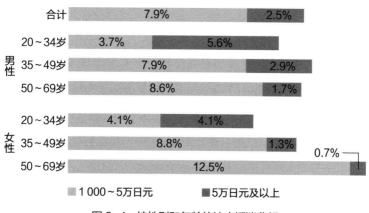

图 3-4　按性别和年龄统计应援消费额

资料来源：文化分析研究所"新家庭经济调查"，2023 年。

众筹比奢侈品更能唤起阶层意识

当我们根据众筹消费额，对应援消费额进行统计分析时，发现在 20 ~ 34 岁的男性群体中，随着他们在众筹上的支出增加，他们在应援上的支出相应地呈现上升趋势。因此，我们将重点分析这一年龄段男性的众筹行为。

从社会阶层的视角来看，35 ~ 49 岁的男性中，上层人群的众筹消费额明显超过了其他社会阶层（如图 3-5 所示）。此外，整体而言，学历较高的人群在众筹上的消费也较多，这在 20 ~ 34 岁的年轻男性中尤为突出（如图 3-6 所示）。对这个年龄段的男性来说，众筹可能已经成为一种炫耀性消费，即通过给予经济支持来展示个人的成功和社会地位。在过去，人们可能通过购买房产、豪华车或高端高尔夫球设备等方式来显示自己的社会地位和成功，而现在的年轻一代则倾向于通过参与众筹活动来实现这一点。

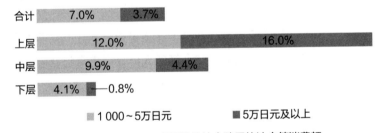

图 3-5　35 ~ 49 岁男性按社会阶层统计众筹消费额

资料来源：文化分析研究所"新家庭经济调查"，2023 年。

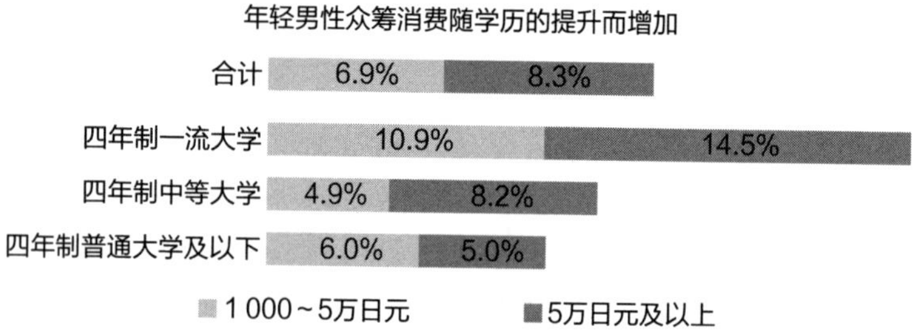

年轻男性众筹消费随学历的提升而增加

	1 000~5万日元	5万日元及以上
合计	6.9%	8.3%
四年制一流大学	10.9%	14.5%
四年制中等大学	4.9%	8.2%
四年制普通大学及以下	6.0%	5.0%

■ 1 000~5万日元　　■5万日元及以上

图3-6　20～34岁男性按学历统计众筹消费额

资料来源：文化分析研究所"新家庭经济调查"，2023年。

　　然而，值得注意的是，众筹与个人年收入或储蓄之间并无直接关联。相比之下，高学历背后所体现的较高社会贡献意识似乎才是推动众筹行为的主要因素。

　　举例来说，那些意识到富裕阶层与普通民众、正式员工与非正式或兼职员工之间收入差距正在扩大，并将其视为亟待解决的社会问题的人，往往更愿意在众筹上投入更多资金。但在其他方面，并没有明显的趋势表明参与众筹的人群具有更高的社会责任感。因此，可以说，参与众筹不仅仅是出于解决社会问题的愿望，更多是反映了个人对所支持事物的热爱和期许。

通过应援消费来行善

我认识的一位 30 多岁的女性朋友（出生于平成时代），近来开始通过应援消费来积累善缘。例如，她参与了为澳大利亚森林大火和土耳其地震举办的捐款活动。她是一位典型的潮流女性，几乎尝试了本书中讨论的所有消费类型，包括听评书和相声、享受桑拿、体验下午茶、举行野餐、观看格斗赛事、学习插花、在商业街购买炸土豆饼、在家烹饪等。这些活动在年轻人中越来越受欢迎，她也都一一尝试过。从年轻时起，她就经常在五反田 TOC① 购买韩国化妆品，并飞往韩国购物及体验美容服务，她将这些爱好保持至今。

她在一家知名企业担任综合管理职务，年薪丰厚，因此其薪资能够支持她多元化的消费习惯。回想高中时期，她可是一个在涩谷中心街尽情享乐的时尚女孩。

有一次，在中心街上，她被市场调研人员拦下，她向其分享了自己喜欢的产品。那时，她想，如果有机会做这样的工作，自己也想尝试。于是，她努力学习，考入了一所知名大学。大学期间，她曾在百货公司的化妆品柜台和面包店兼职。毕业后，她起初在一家证券公司工作，后来转向美容信息行业，再之后是活动

---

① 五反田 TOC：五反田东急购物中心，是位于日本东京都品川区的一个大型商业综合设施。

策划公司，而现在她则供职于一家大型 IT 公司。

换句话说，在过去的近 20 年里，她始终站在消费潮流的前沿，而她的职业生涯也一直紧随时代的步伐。现在，她正通过应援消费来实现行善的愿望。

第 四 章

昭和复古治愈孤独的中年男人

复古风潮始于泡沫经济

在本章中，我们将深入探讨昭和复古消费现象。昭和复古已经成为过去 30 ～ 40 年持续不衰的潮流，尤其是最近几年，以年轻女性为主要群体的昭和风格咖啡馆热潮等现象引起了广泛关注，这种现象被视为对一个时代的推崇。

当我们在纪伊国屋书店①的网站上搜索"昭和三十年代"，可以找到 644 本相关图书；搜索"复古"，则有 921 本相关图书；而"怀旧"一词的搜索结果更是高达 4 374 本。根据这些与怀旧相关的图书的出版年份进行分类统计，我们得到以下数据。

1970 年至 1984 年：共 14 本书。

1985 年至 1994 年：共 47 本书。

1995 年至 1999 年：共 69 本书。

2000 年至 2004 年：共 143 本书。

2005 年至 2009 年：共 219 本书。

2010 年至 2014 年：共 203 本书。

2015 年至 2022 年：共 419 本书。

显而易见，自 2000 年以来，关于怀旧主题的图书数量急剧增加，每年有 40 ～ 50 本新书问世，几乎每周都能看到新书的发布。

---

① 纪伊国屋书店：日本一家著名的大型连锁书店，成立于 1927 年，总部位于东京。

民俗家町田忍于 1993 年出版了《让我们去公共浴池·旅情篇》，而昭和复古收藏家串间努的《幻影小学——昭和 B 级文化记录》则于 1996 年面世。随着泡沫经济的崩溃，社会普遍开始出现对过往时光的怀念情绪，这一趋势自 2000 年以后迅速蔓延开来。

我记得 TBS 电视台[①] 的"电视侦探团"[②] 是最早专注于复古文化的节目之一，该节目从 1986 年播放至 1992 年，当时正值泡沫经济时代。由于泡沫经济导致地价飞涨及二次开发和固定资产税的问题，许多老房子、商店和公共浴池等被拆除，这促使人们更加珍惜留存下来的文化遗产。INAX[③] 在 1988 年发布的《现在与过去·公共浴池》中就收录了町田忍及建筑师兼建筑史学家藤森照信[④] 的文章。而藤森照信在 1986 年出版的《建筑侦探的冒险·东京篇》也可以看作点燃泡沫经济时代建筑复古热潮的"星星之火"。

---

① TBS 电视台：东京放送，日本五大民间电视台之一。

② "电视侦探团"：日本 TBS 电视台从 1986 年到 1992 年播出的一档娱乐节目。该节目主要解答观众提出的各种问题，涉及广泛的主题，包括历史、文化、科学和日常生活等。

③ INAX：INAX 出版社，发行了一系列关于建筑、设计和文化主题的杂志、书籍及小册子。

④ 藤森照信（1946—）：日本知名的建筑师和建筑史学家，其作品涵盖了从住宅设计到公共建筑的广泛领域，同时他对现代建筑与传统文化的融合有着深刻的见解。

各年龄层均进行复古消费

那些在"二战"结束后至 1960 年左右出生的人，他们在 20 世纪 80 年代引领了复古潮流，这一代人是在经济高速增长的时代成长起来的。日本电视广播服务从 1953 年开始，但直到 1958 年东京塔建成后，全国性的电视广播才得以实现。这一代人童年时期喜爱的早期电视节目、1959 年创刊的《少年星期天》《少年杂志》等漫画周刊、1954 年首映的电影《哥斯拉》，以及 1960 年后播出的《少年侦探团》《哈里玛欧》《奥特 Q》《奥特曼》等节目及相关玩具，在他们成年后成了其怀旧文化的一部分。从这个角度看，复古消费在男性中更为普遍，例如游戏卡片、格力高① 的小礼物、铁皮玩具②、怪兽模型等，这些昭和复古商品主要吸引了男性。然而，也有例外，一些女性一直喜爱丽佳娃娃③，与之相关的图书也大量出版，如增渊宗一④ 于泡沫经济时代的 1987 年所著的《丽佳娃娃

---

① 格力高：日本知名的食品公司，以生产和销售各种零食、糖果和食品闻名。其产品常常附带小玩具或收集卡，这些小礼物随着时间积累，也成了许多人怀旧回忆的一部分。

② 铁皮玩具：一种传统的玩具，由薄铁板制成，通常手工绘有色彩鲜艳的图案。这些玩具在昭和时代尤其流行，包括汽车、飞机、机器人等多种形态。铁皮玩具不仅是儿童的玩乐工具，也反映了当时的科技进步和人们的生活梦想。

③ 丽佳娃娃：日本一种非常受欢迎的时尚娃娃，由日本玩具公司 Takara（现 Takara Tomy）于 1967 年推出。这款娃娃以精致的面貌、可更换的时装和配件而闻名，是日本文化中一款标志性的玩具。

④ 增渊宗一（1939—）：日本美学家、作家，以对流行文化和社会现象的深入分析而闻名。他的作品涉及广泛的主题，包括玩具、动漫、时尚和日本的亚文化等。

的少女奇幻学》。

如果从 20 世纪 80 年代后期开始算起，那么不仅是 70 后，80 后、90 后的人群现在也都以各自的方式怀念着过去。在后文提到的古着热潮中，20 世纪 90 年代的物品已经成为一个专门的类别，受到人们的追捧。高圆寺 LOOK 商业街①作为古着街引起关注大约是从 1994 年女性时尚杂志 *CUTiE*②的报道开始的。同时，随着里原宿③地区的发展，那里的古着店也大量增加，"里原"品牌④的兴起，以及运动鞋热潮的流行，使得 20 世纪 80 年代出生的一代，无论男女，在成为高中生后便开始前往"里原"。对他们来说，这不仅是对一种时尚的追求，更是对一种青春时代记忆的怀旧。

如今，复古消费成了 20 ～ 29 岁年轻人的新刺激。他们热衷于体验祖父母或父母年轻时的文化和物品。比如旧时时尚、汽车、家用电器、黑胶唱片、卡带等，这些都成了年轻一代感兴趣的对象。如此看来，从 20 ～ 29 岁到 70 ～ 79 岁的各个年龄层，现在都在参与复古消费。

本次调查显示，昭和复古消费在男女之间的差异并不明

---

① 高圆寺 LOOK 商业街：位于东京杉并区高圆寺的一条街道，吸引了众多年轻人和时尚爱好者，成为东京最具个性和流行文化氛围的地区之一。

② *CUTiE*：一本日本的时尚杂志，主要针对年轻女性读者，涵盖最新的流行趋势、时尚搭配、美容、音乐和青少年文化等话题。

③ 里原宿：位于东京涩谷区，是东京年轻人潮流文化的聚集地。

④ "里原"品牌：源自东京原宿区里原宿街道的潮牌。这些品牌通常由当地的设计师创立，以其独特、前卫的设计和深受街头文化影响的风格而著称。

显。按年龄划分，20～29岁的男性的昭和复古消费最多，其次是20～29岁的女性。此外，在男性中，除了20～29岁人群，40～49岁人群也有较多的昭和复古消费；而在女性中，昭和复古消费则主要集中在20～39岁的年轻群体（如图4-1所示）。

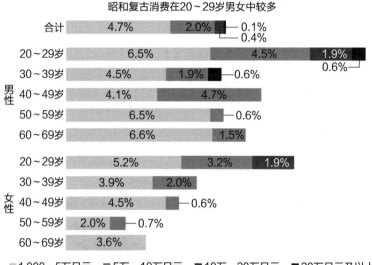

图 4-1　20～69岁男女按年龄统计昭和复古消费额

资料来源：文化分析研究所"新家庭经济调查"，2023年。

过去30年里，复古市场呈现出一种逐步向女性扩展并日渐多样化的趋势。例如，30～39岁的女性怀念《美少女战士》，2022年在六本木的美术馆举办的"美少女战士展"就是一个例证。此外，东京文京区的弥生美术馆持续举办关于少女漫画和时尚插画的展览，吸引了众多粉丝。

复古爱好背后的学历差异

　　分析 20 ～ 29 岁年轻人的昭和复古消费与学历之间的关系，会发现一个有趣的现象，那就是四年制一流大学及以上学历人群与以下学历人群之间存在明显的差异。这种差异在女性群体中尤为显著（如图 4-2 所示）。

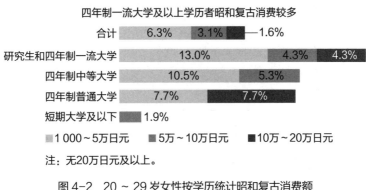

图 4-2　20 ～ 29 岁女性按学历统计昭和复古消费额

资料来源：文化分析研究所"新家庭经济调查"，2023 年。

　　尽管人们可能认为像昭和咖啡馆这样的场所与学历无关，但不同学历背景的人获取信息的方式存在本质区别。

例如，四年制一流大学通常是综合性大学，学生们除了学习专业课程，还有机会接触文学、历史、经济、法律、建筑等多学科知识和信息。通过大学内的社交活动和各种社团，学生可以积累广泛的知识，其中可能包括与昭和复古相关的信息。

比如，能够在普通人不太了解的主题上进行交流，并参与高端社群的人更倾向于进行昭和复古消费，这一趋势在男性和女性中都存在。在四年制一流大学本科和研究生毕业的 20 ～ 29 岁女性中，有27% 的人表示自己"完全符合"或"比较符合"参与高端社群的描述，而在短期大学及以下学历的女性中，这一比例仅有13%。这表明学历越高，参与高端社群的可能性越大。因此，可以得出结论：学历较高且参与高端社群的女性更倾向于进行昭和复古消费（如图 4-3 所示）。

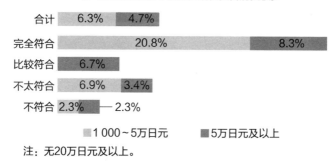

图 4-3 20 ～ 29 岁女性按高端社群参加度统计昭和复古消费额

资料来源：文化分析研究所"新家庭经济调查"，2023 年。

虽然我们不能一概而论地认为所有关于昭和复古消费的信息都是高端的，但是那些进入四年制一流大学的人确实更频繁地接触与自己生活环境不同的文化元素。他们有机会与经历过昭和时代文化的资深人士（如大学教授、学长、上司等）进行深入交流。相对而言，学历较高的人群通常拥有更为丰富的文化信息资源，从而更容易在日常生活中接触有关昭和时代的各类话题。在他们的圈子里，接触不同时代的众多文化信息变得更加容易，这些信息可能包括披头士乐队、戏剧、咖啡馆、公共浴池、民谣及泡沫经济时代等话题。相比之下，那些就读于四年制普通大学或短期大学的人们，其教育经历往往更加专注于专业技能的培养，而不大可能提供广泛的知识视野。

因此，尽管昭和复古消费看似是一种轻松愉快的爱好，但在深入研究后，我们可以发现它实际上反映了由教育背景引起的兴趣和偏好差异（区隔①）。

---

① 区隔：法语作"distinction"，源自法国社会学家皮埃尔·布尔迪厄的著作，指的是社会上不同阶层间在品位、偏好、消费等方面展现出来的差异。这种差异不仅是经济或社会地位的体现，也是教育和文化资本的反映。在日常生活中，人们通过不同的生活方式和消费选择来表达自己的身份与品位，进而在社会中形成区隔。

昭和复古是保守主义的体现吗

我原本以为，人们之所以热衷于昭和复古消费，是因为对日本的未来不太抱有希望。然而，实际情况恰恰相反。调查数据显示，那些对未来持乐观态度、相信日本会朝着好的方向发展的年轻人，特别是 20～29 岁的人，更倾向于进行昭和复古消费（如图 4-4 所示）。他们对昭和复古消费的偏好与认为"日本是一个好国家"的观念相吻合，因此他们相信日本的未来也会继续朝好的方向发展。虽然不能确定这种观点是否完全等同于他们对未来的看法，但相比于认为未来会变差的观点，这无疑显示出了更为积极的态度。同时，人们可能还有一种心理，那就是认为一个拥有许多值得怀念的时代的国家，是一个好国家。因此，对未来的不安感与昭和复古消费并无直接关联。对年轻一代来说，昭和复古消费是对他们美好过去的一种肯定和致敬。

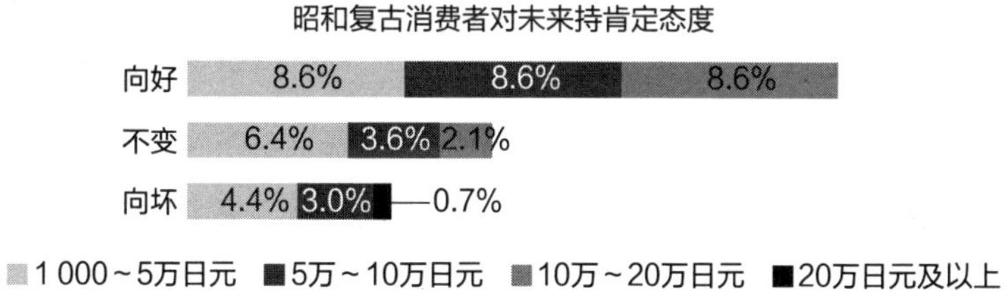

昭和复古消费者对未来持肯定态度

	1 000～5万日元	5万～10万日元	10万～20万日元	20万日元及以上
向好	8.6%	8.6%	8.6%	
不变	6.4%	3.6%	2.1%	
向坏	4.4%	3.0%	—0.7%	

■1 000～5万日元　■5万～10万日元　■10万～20万日元　■20万日元及以上

图 4-4　20～29 岁人群按对日本未来认知统计昭和复古消费额

资料来源：文化分析研究所"新家庭经济调查"，2023 年。

在美国，对于 20 世纪 50 年代那段被广泛称为"黄金时代"的时期，确实有不少人士持肯定和怀念的态度。虽然缺乏具体的数据支持，但根据观察，这些倾向于对 20 世纪 50 年代持有积极评价的人，在政治和社会观念上往往较为保守。

在进行有关郊区的研究工作中，我也曾深入探讨过 20 世纪 50 年代美国的文化。回顾 20 世纪 90 年代，关于美国 20 世纪 50 年代的图书还相对稀少。然而，时至今日，亚马逊等在线平台上，关于怀念美国 20 世纪 50 年代的图书已经数不胜数。这一现象可能与婴儿潮一代（即在 20 世纪 50 年代度过青少年时期的一代）对往昔时光的怀旧情绪有关，他们购买了大量的这类图书，以重温那个时代。

在日本，我们发现存在一种趋势，即那些认为遵循传统习俗非常重要的人群，更倾向于进行昭和复古消费（如图 4-5 所示）。这种关联性并不令人意外，因为对传统的重视往往与对过去时代特有风格的偏好相吻合。

我们还进一步发现，那些主张个人责任高于集体责任的人，其昭和复古消费也更多（如图 4-6 所示）。这一现象表明昭和复古消费不仅是一种消费行为，更与个人价值观紧密相连。更深入地说，昭和复古消费实际上反映了一种"热爱日本"的消费观念。

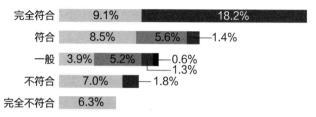

昭和复古消费者是热爱日本的保守主义者

完全符合　9.1%　18.2%

符合　8.5%　5.6%　1.4%

一般　3.9%　5.2%　0.6%　1.3%

不符合　7.0%　1.8%

完全不符合　6.3%

■ 1 000～5万日元　■ 5万～10万日元　■ 10万～20万日元　■ 20万日元及以上

图 4-5　20～29 岁人群按对传统习俗的重视度统计昭和复古消费额

资料来源：文化分析研究所"新家庭经济调查"，2023 年。

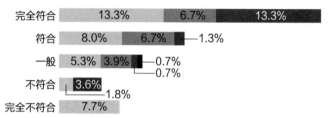

完全符合　13.3%　6.7%　13.3%

符合　8.0%　6.7%　1.3%

一般　5.3%　3.9%　0.7%　0.7%

不符合　3.6%　1.8%

完全不符合　7.7%

■ 1 000～5万日元　■ 5万～10万日元　■ 10万～20万日元　■ 20万日元及以上

图 4-6　20～29 岁人群按自我责任重视度统计昭和复古消费额

资料来源：文化分析研究所"新家庭经济调查"，2023 年。

例如，在探讨"通过日本或所在地区的文化与艺术，您在多大程度上感受到生活的丰富性？"这一问题时，我们根据受访者对生活丰富性的感知度（从"1 分：完全感觉不到"到"10 分：完全感觉得到"）与其在昭和复古消费上的开支进行了交叉统计分析。结果表明，那些感觉生活丰富的人，他们在昭和复古方面的花费较多。特别是那些给生活丰富性打出 7 分及以上的受访者，他们的昭和复古消费额明显较多（如图 4-7 所示）。

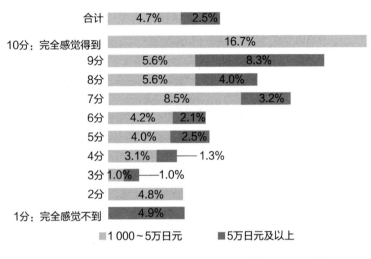

图 4-7　20 ～ 69 岁男女按通过日本或所在地区文化与艺术
感受到的生活丰富性统计昭和复古消费额

资料来源：文化分析研究所"新家庭经济调查"，2023 年。

孤独的中年男人在怀旧中寻求慰藉

在对昭和复古消费的进一步分析中，我们发现孤独感较强的人群往往在昭和复古商品上花费更多。这一趋势在 20 ～ 34 岁及

35 ～ 49 岁的男性群体中尤为突出，特别是在 35 ～ 49 岁的中年男性中最为明显（如图 4-8 所示）。

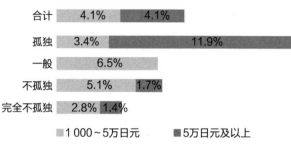

孤独的中年男性更倾向于昭和复古消费

合计 4.1% 4.1%

孤独 3.4% 11.9%

一般 6.5%

不孤独 5.1% 1.7%

完全不孤独 2.8% 1.4%

■1 000～5万日元　■5万日元及以上

图 4-8　35 ～ 49 岁男性按孤独程度统计昭和复古消费额

资料来源：文化分析研究所"新家庭经济调查"，2023 年。

　　在深入探讨人们对本地文化与艺术丰富度的感知与孤独感之间的关联时，我们注意到，那些感到孤独的人通常难以从日本或他们所在地区的文化与艺术中感受到生活的丰富性，而那些不感到孤独的人则更容易感受到这种丰富性。值得注意的是，这种现象不受年龄限制。反过来看，那些能从日本或他们所在地区的文化与艺术的中感受到生活丰富性，但仍然感到孤独的人群，更倾向于进行昭和复古消费。

　　那么，这些既感受到生活的丰富性又感到孤独的是哪些人呢？数据表明，无论男女，主要是未婚人士，特别是独居的中年男性，他们在昭和复古消费上的偏好特别明显。这些独居的中年男性，似乎在对那个物质富裕、社会和谐的昭和时代的深切怀念中找到了某种慰藉。他们通过对"美好日本"的追忆，发出"日本真好"的感慨，以此来缓解他们的孤独感。在这个过程中，昭和复古消费不仅仅是一种消遣，更成为他们在情感上寻求链接和安慰的一种方式。

昭和复古消费与二手商品消费存在相关性

那些在昭和复古商品上花费较多的人群，同样在二手商品的消费上也较为慷慨。我们进一步分析了那些昭和复古消费额为5万日元及以上的人群，发现其中高达23.5%的人在古着上的消费额为10万日元及以上（如表4-1所示）。此外，他们在二手家具、二手工具、古董、二手家居用品、二手杂货、二手餐具和二手厨具等方面的支出也颇为可观。昭和复古爱好者们通常偏好使用具有传统风格的物品，例如选择矮饭桌而非普通餐桌进餐，选用昭和初期风格的老木书架作为存放书籍的家具，以及使用具有昭和咖啡馆特色的装饰性餐具。他们对父辈或祖辈时代的服饰也有着特别的偏爱，正是这些独特的兴趣和爱好催生了上述消费现象。

表 4-1 20～49 岁昭和复古消费额为 5 万日元及以上者购买二手商品的金额

消费领域	5 万～10 万日元	10 万日元及以上
古着	14.7%	23.5%
二手家具、二手工具、古董	26.5%	17.6%
二手家居用品、二手杂货、二手餐具、二手厨具	26.5%	17.6%
二手电脑、二手智能手机	38.2%	11.7%
二手家用电器、二手音视频设备、二手美容仪器	38.2%	11.7%
二手化妆品	38.2%	8.8%
二手图书、二手杂志	38.2%	5.8%

资料来源：文化分析研究所"新家庭经济调查"，2023 年。

　　在东京杉并区，有一家名为"村田商会"的店铺，专门经营昭和时代咖啡店使用过的椅子和其他家具、餐具等物品，这反映出市场对这类复古商品有着长期的需求。

　　与此同时，那些昭和复古消费较多的人群，在物品修复上的投入也较多，尤其是电脑、家用电器、音视频设备等物品的维修服务的需求增加（如表 4-2 所示）。音乐爱好者可能会倾向于使用老式音响来播放二手唱片，因此购买或维护二手音响的情况也随之增加。

表 4-2　20 ~ 49 岁昭和复古消费额为 5 万日元及以上者修理物品的比例

修理物品	1 万 ~ 3 万日元	3 万 ~ 5 万日元	5 万日元及以上
电脑、智能手机	26.5%	20.6%	5.9%
家用电器、音视频设备、手表	26.5%	20.6%	2.9%
服饰	26.5%	14.7%	5.9%
自行车	41.2%	20.6%	0
家具	26.5%	14.7%	2.9%
室内装饰品、杂货、照明设备、餐具	41.2%	14.7%	2.9%
房产	38.2%	8.8%	8.8%
汽车	26.5%	14.7%	2.9%

资料来源：文化分析研究所"新家庭经济调查"，2023 年。

　　大多数人仍旧偏爱崭新的商品，因此我们常听到这样的对话："啊，这个东西我不再用了，如果你对旧物情有独钟，那就送给你吧。"通过这种方式，复古爱好者往往能从他人或朋友那里获得心仪的物品。无论是服饰、家具、手表、室内装饰品，还是食品等，许多人都曾获赠这些物品（如表 4-3 所示）。以我个人为例，母亲离世后，我将家中的和服、餐具等大量物品赠予了热爱和服及昭和咖啡店风格餐具的女性朋友，总共送出了 20 余箱物品。其实，即使将这些物品卖给二手商，所得收益也寥寥无几。但如果这些物品能让认识的人心生喜悦，那么免费赠送显然会让我更开心。

表 4-3　20～49 岁昭和复古消费额为 5 万日元及以上者获赠物品的比例

获赠物品	比例
服饰	73.5%
家具	64.7%
手表	64.7%
室内装饰品、杂货、照明设备	61.8%
食品、酒	61.8%
蔬菜、水果、鱼类	61.8%
家居用品、日用品、餐具、厨具	52.9%
和服	52.9%
家用电器	50.0%
化妆品、洗发水等美容美发产品	47.1%
自行车	41.2%
汽车	41.2%
房产	35.3%

最近，随着"精粹生活"风潮的兴起，自制梅干、梅子酒、味噌、纳豆等的人日益增多。由于独自尝试可能面临失败的风险，开设工作坊，与众人共同自制食品成为一种流行趋势。除了食品，热衷于制作手工艺品和衣服的昭和复古消费者人数也在上升（如表 4-4 所示）。

同时，市民农园和共享农田的数量正在增加，甚至连年轻的男性也开始踊跃参与蔬菜种植。我认识的一位 60 多岁的女性朋友告诉我，在她参与的市民农园里，经常能看到成群结队的年轻男性在田间边劳作边谈笑风生。

表 4-4　20 ～ 49 岁昭和复古消费额为 5 万日元及以上者制作物品的比例

制作物品	百分比
梅干	52.9%
杂货、文具、包、玩偶	61.8%
在自家菜园或市民农园收获的蔬菜、水果	50.0%
梅子酒	47.1%
除梅子酒外的其他果酒	47.1%
服饰	47.1%
编织品、刺绣	44.1%
除梅干外的其他腌菜、泡菜	41.2%
家具、室内装饰品	38.2%
住宅	32.4%

　　有趣的是，在自制梅干的人群中，50 ～ 69 岁的女性占比较高，这是可以理解的；但出乎意料的是，这一比例在 20 ～ 34 岁的年轻男性中更高（如图 4-9 所示），而同龄的年轻女性中这一比例却相对较低。另外，年轻男性的价值观和行为模式正在发生明显的变化。

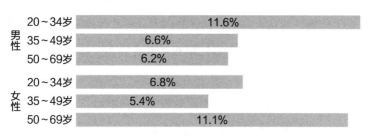

图 4-9　按性别年龄统计制作过梅干的比例

资料来源：文化分析研究所"新家庭经济调查"，2023 年。

第 五 章

古着改变消费，
促进地方复兴

迷上古着的我

在本章中，我们将深入探讨那些热衷于昭和复古消费的人群频繁购买的古着单品。最初，我并未意识到深入研究古着的重要性。但随着进一步地采访和分析，我发现，了解古着受欢迎的程度不仅对揭示当代消费者的心理有极大帮助，更为如何振兴地方经济、推动中心市区活性化及解决空置房屋问题等提供了重要视角。

我想先分享一下我的个人经历。我对古着产生浓厚的兴趣是近期的事情，确切地说是从 2022 年 11 月开始的。

那么，是什么让我对古着如此着迷呢？这与一位 24 岁的年轻人有关，他是我认识的一位建筑师横沟惇先生（横沟惇先生今年约 40 岁，他从高中时代起就酷爱古着）工作室里的员工，正是他对古着的热情深深感染了我。这位年轻人告诉我，最近 GAP（盖璞）品牌的古着变得异常流行。

"什么？！ GAP 的古着也能成为热销商品？"我对此感到难以置信，并一再追问确认。因为在我的印象中，GAP 自 20 世纪 90 年代起就是一个在全球范围内扩张的平价品牌。

在 20 世纪 90 年代初，日本大多数服装都是日本制造的，而进口品牌服装通常标榜的是意大利、法国、英国或美国等原产地制造的。那时，GAP 已经开始在亚洲、中南美洲和非洲的某些国家生产产品，其缝制质量不尽如人意。

我对 GAP 的古着为何受到追捧感到困惑。为了寻找答案，我走访了高圆寺地区的几家古着店。果不其然，许多店铺的货架上都陈列着 GAP 的服装。我还发现，这些店里售卖的 GAP 古着被称为"老款 GAP"。不只是 GAP，其他品牌的经典款式也享有类似称谓。

所谓"经典老款"，通常指的是那些在品牌尚未实施标准化批量生产，也未在全球购物中心和机场大规模开设连锁店时制造的产品。这些产品往往是原产地制造的，设计精美、面料上乘、做工精细，彰显了浓郁的品牌特色。以我个人的经验为例，我曾经在伊势丹①购买过一款户外背包，当时价格大约是 2.5 万日元（约合人民币 1250 元）。然而，在该品牌进行连锁扩张之后，这款产品的价格降到了几千日元的平价水平。

食品领域也存在类似现象，即使是知名的店铺，一旦它们开始在站前百货大楼等地方开设分店，其味道往往就会变化。尽管如此，对那些从未在总店品尝过的人来说，由于店铺本身的名气，他们仍然愿意尝试。比如，一些在法国享有盛名的面包店或熟食店，到了日本可能就无法再现其本土风味。当然，部分原因可能是不同国家的原材料有所差异，但总体来说，随着连锁经营和批量生产的

---

① 伊势丹：日本一家知名的百货公司，始创于 1886 年。

发展，产品质量普遍呈现下滑趋势，这是一个不争的事实。

终于入手 Maison Margiela

在入手 Maison Margiela（梅森·马吉拉）的古着之前，我的古着购物经历只有 5 次，而且都是因工作需要而勉强为之，结果每次都有些遗憾。古着往往带着一种独有的气味，布料因岁月磨损而触感不再细腻，牛仔裤也可能因为前任主人的身形与我不符，穿着不合身。

不过，抱着尝试的心态，我再次踏入了高圆寺的古着店。既然来了，便决定至少带点什么回去。作为经历过泡沫经济的一代人，年轻时还曾在时尚界担任市场营销的工作，我并没有购买 GAP 的打算。在逛过几家店铺后，我发现了一家专卖欧美高端品牌的古着店。店里陈列着 Celine（思琳）等品牌的商品，虽然是女装，但品相极好，假如我是女性且找到了尺码合适的衣服，一定会毫不犹豫地买下。男装选择不多，但我偶然看中了一件 Donna Karan（唐娜·凯伦）的薄款针织帽衫，试穿之后意外地合身，便立即决定购买。

接着，我又前往了吉祥寺。我走进一家古着连锁店的高端品牌专区，尽管知道这些品牌的新衣价格不菲，但看到连古着的标价也超过了 3 万日元（约合人民币 1 500 元）时，心里还是觉得有些贵。所以，当我发现一件 Maison Margiela 的毛衣售价在 2 万日元（约合人民币 1000 元）左右时，我立刻试穿了。这件毛衣的标签上写着 S 号，对于通常穿 L 号或 M 号的我来说，本应偏小，但其采用了极佳的材料，弹性十足，我穿上后竟然十分合适，于是我毫不犹豫地买下了它。这是我第一次拥有 Maison Margiela 的商品。20 多年前，我就常在惠比寿①、代官山②、原宿③、下北泽④、高圆寺等地区闲逛，那时我也曾踏足惠比寿的 Maison Margiela 店铺。我记得那里甚至曾以高价出售装鸡蛋的纸盒，让我大开眼界。自那以后，我便一直关注着 Maison Margiela，却始终未曾真正拥有过。

在接下来的 3 个月里，我累计购入了十多件古着。虽然偶尔我也会尝试在网上买，但我心里还是认为亲眼见到实物后的交易更为可靠。虽说如此，实际上能够在实体店购买的古着数量相当有限，因此我也不得不将目光投向网络。独立经营的古着小店通

---

① 惠比寿：日本东京涩谷区的一个时尚而又宁静的住宅与商业区域。

② 代官山：日本东京的一个时尚、高档住宅区，以精致的咖啡馆、精品店和独立设计师的工作室著称。

③ 原宿：日本东京的一个知名地区，以其前卫的街头时尚、独特的青少年文化和多元化购物体验而闻名，这里常聚集着寻求最新流行趋势的年轻人。

④ 下北泽：日本东京的一个地区，因其独特的亚文化氛围和丰富的艺术生活而闻名。这里是二手店、小型剧场、独立音乐现场和各类小众艺术展览的聚集地，深受年轻人的喜爱。

常更值得信任，但它们并不总是有我想要的商品。而连锁古着店则以其庞大的库存量取胜，只要耐心挑选，往往能以合理的价格找到珍贵的好物。

在高圆寺，我发掘了一家专营 20 世纪 80 年代 DC 品牌 ① （如川久保玲等）的古着店。在那里，我找到了一件山本耀司品牌的长袖衬衫，它的颜色非常独特，于是我毫不犹豫地将其买下。"您年轻的时候常穿这些牌子的衣服吗？"一位 20 多岁的店员向我发问。"不，也不能说是经常。"我一边付款一边回答，这样的对话很有趣。

真是既有趣又经济！我逐渐意识到，如果能以这么优惠的价格购得这些高端品牌的商品，那买全新的似乎就显得没那么必要了。用购买一件全新的优衣库羊绒衫的预算，很可能就能淘到一件高端品牌的古着（不过，值得一提的是，优衣库的古着也颇受欢迎，这大概得益于人们对其品质的信赖）。

此外，不能否认的是，购买古着确实带来了更多快乐，它能带来意料之外的发现和寻宝的快感。对许多人来说，由于高昂的价格壁垒，他们或许从未有机会进入那些高端品牌的门店。但在古着店里，人们不仅有机会以低价买到高端品牌的商品，还能发现一些因名气不大而被忽视的品牌其实同样拥有出色的商品。这种意外发现带来的喜悦，是我以前没有体验过的。

---

① DC 品牌：日本服装制造商推出的高级时尚品牌的总称。"DC"被认为是 Designer's（设计师的）和 Character's（性格的）的缩写。

古着的流行壮大

文化分析研究所在 2001 年发布了一份《古着调查报告》。这份报告是一位女大学生的毕业论文，文化分析研究所购买了这篇论文并出版。这位学生在毕业后进入了日本一家知名的精品店工作。现在她已经是一位 40 多岁的女性，而她的孩子可能也正在享受着逛古着店的乐趣。

接下来，我要讨论的关于古着魅力的内容，大部分来自这篇论文。在我所著的《无家少年》[1] 一书中，"对过去的留恋"这一章也提到了相关内容。近年来，古着越来越受到人们的欢迎，网络上关于古着魅力的文章也越来越多，但实际上，这些内容在这篇 20 多年前的论文中就已被提及。

在《无家少年》中，我还引用了另外两项与古着相关的研究数据。其中一项是一位短期大学的女学生在 1996 年为她的毕业论文所做的调查。这项调查显示，在人们对古着的印象中，"时尚"占了 25%，"可爱"占了 18%，"稀缺价值"占了 15%，"酷"占了 7%。此外，根据我在 20 世纪 80 年代曾工作过的市场营销杂志 *ACROSS*[2] 的报道，该杂志的一项时尚调查发现，1984 年有 11% 的

---

① 《无家少年》：日文书名为『マイホームレス・チャイルド』。

② *ACROSS*：日文名为『アクロス』，是一本专注于文化、艺术与时尚的日本杂志。

人穿古着，但到了 1997 年，这一比例增加到了 34%，增长为原来的 3 倍左右。

说到 1996 年、1997 年，那正是高圆寺 LOOK 商业街逐渐转变为古着一条街的时期。那时的高中生和大学生开始成群结队地前往原宿、下北泽及高圆寺等地寻找古着。

我是在 1998 年春天意识到高圆寺 LOOK 商业街正在向古着文化靠拢的。那时的冲击至今仍深刻地印在我的脑海里。1985 年，我曾穿梭于高圆寺街头，为 *ACROSS* 杂志拍摄照片并撰写相关文章。那时候，高圆寺给我的印象是一座封存了 20 世纪 60 年代与 20 世纪 70 年代风貌的"时光之城"，居住着许多嬉皮士、民谣歌手和戏剧工作者，他们身上没有城市流行音乐或新音乐[1]的影子。当时流行的 JJ Girl[2]、Popeye Boy[3] 或 Olive Girl[4] 等风格在这里也尚未出现。然而仅 10 年后，这里已经变成了高中生等人群聚集的古着圣地。

这让我确信时代已然改变。自那以后，我每个月都会多次造访高圆寺。我还把高圆寺作为市场营销课程的案例，带企业人士

---

① 新音乐：20 世纪 70 年代至 20 世纪 80 年代在日本流行的音乐风格。

② JJ Girl：追随日本 *JJ* 杂志风格的年轻女性。*JJ* 是一本面向年轻女性的流行时尚杂志，自 1975 年首次发行以来，一直是日本时尚界的风向标之一。杂志内容主要围绕最新的服饰搭配、美容、生活方式等话题。

③ Popeye Boy：对 *Popeye* 杂志读者或风格追随者的一种俏皮称呼。*Popeye* 是一本男性时尚与生活杂志，以介绍国际旅行、户外活动、最新时尚趋势等为主题。

④ Olive Girl：追随 *Olive* 杂志风格的年轻女性。*Olive* 是一本在日本非常受欢迎的女性时尚与生活方式杂志，杂志以独特的艺术和摄影风格，以及对复古和独立文化的关注而闻名。

前去参观学习。1999 年，我辞去公司职务，开始了独立的创业之路。我坚信，通过记录时代的变迁，就能够谋生。如果不是遇见了高圆寺 LOOK 商业街，我可能永远不会踏出那一步。

顺便一提，20 多年前，当我说起古着如何受欢迎时，很多大企业的人士评论说这只是因为经济不景气，一旦经济形势好转，人们便会放弃购买古着。这种态度与我们同时期购买的一位学生关于咖啡馆文化的毕业论文所遭遇的质疑相同，质疑的人认为这只是一时的潮流。然而，无论是古着还是咖啡馆，它们的魅力不但没有消退，反而越发受到追捧。与此同时，这些大企业却日益难以创造出真正受消费者喜爱的产品。

古着和古着店的魅力

让我们回到正题。虽然一些内容在前文中已经有所提及，但还是让我们来探讨一下古着和古着店的魅力所在吧！

1. 孤品的价值和个性表达

无论是手工制作或小批量生产的商品，还是大规模生产的商品，或是那些在日本鲜少流通的品牌商品，一旦成为古着，它们就会因自然褪色等因素而展现出多样性。这种独一无二的特性正是古着吸引人的地方。比如你所挑选的那件古着，可能是从全球各地的无数古着中挑出来的，拥有类似古董的独特价值。在当今这个同质化严重、大规模生产商品的社会，这样的独一无二显得尤为宝贵。任何商品，只要具备这种独特性，哪怕不是所谓的高端品牌，对那些欣赏它的人来说，也具有非凡的意义。古着店通常为独立经营，每家店铺都呈现出独特的风格，从外观到内饰装潢都各有特色。即使是销售相似商品的店铺，其商品选择和陈列方式也各有千秋，体现出店主独到的审美观念。对追求个性化体验的人来说，古着店是一个理想的选择。

当然，尽管古着的孤品性被许多人追求，但并不是所有选择古着的人都崇尚个性化的时尚风格。实际上，更多的人选择古着可能只是出于一种享受，将它们作为普通的休闲装束来穿着。漫步在高圆寺时，你或许会注意到，虽然人们的装扮并不特别张扬，但那些恰到好处的搭配和符合个人特色的穿着方式往往格外引人注目。

2. 发掘隐藏的珍品

古着之所以吸引人，部分原因在于它能让人发掘那隐藏的珍品。热爱古着的人常会形容自己去"挖宝"或"淘宝"。

古着店仿佛二手书店或二手唱片行，即便你只是随意逛逛而不购买任何物品，也能体会到轻松和愉快。尽管在全新的服装店中，你也可以不购物就出来，但这些地方往往存在着某种购物的压力，使得逗留的时间变得短暂。

与之相反，在古着店里，顾客可以悠闲地挖掘宝贝。在大型古着店中，哪怕逗留超过半小时也完全没问题，你可以尽情享受寻找意外惊喜的乐趣。这个过程本身就是快乐而充实的。在探索的过程中，你可能会找到与你最初寻找的物品不同的东西，或是至今未曾见过，甚至从未想象过的物品，这本身就是一种乐趣。这种体验和寻找二手书、二手家具、古董等活动颇为相似。

同时，寻找适合自己风格的古着店本身也是一种"发掘"的过程。特别是在像高圆寺或下北泽这样有着密集古着店的地区，要找到符合自己口味的店铺需要多次探访，这个过程同样充满了乐趣。

此外，如果是购买全新商品，可能会遇到喜爱的商品第二年停产的情况。但在二手市场，人们还有机会找到这些商品。能够在古着店中找到这样的宝贝，自然会令人异常兴奋，这也是发掘古着的快乐所在。

近年来，售卖工服和餐饮行业制服的古着店越来越多。这些来自世界各地的服装在全新的服装店是找不到的。顾客能够发掘到小众服装也是古着店独有的一大魅力。

3.故事性

正如前文所述，即便是现在在世界各地的连锁店广泛销售的大众品牌，它们也曾有过只在专卖店少量发售的时期。在日本的商业街，当地的服装店所售卖的即便不是高端品牌，品质也一般是上乘的。当代年轻人的父母或祖父母就曾经在这些店铺中购买衣服。即使是陌生人穿过的古着，如果保养得当，也能让人感受到前任主人对它的珍爱；而如果它略有磨损，或者有修补的痕迹，反而会更显珍贵。

实际上，日本许多年轻人正穿着他们祖父母那一代的古着。这不仅仅是跨越时代的共享，更是一种家族历史的延续。如果这件古着是祖母亲手编织的毛衣，那么穿在身上，仿佛就能够感受到祖母对整个家庭的深情。

这样看来，无论是与认识的人还是不认识的人，都能通过古着感受到链接、历史和故事，这也是古着独有的魅力所在。它的意义远远超出了单纯的复古风潮。

近期有些商品的标签上会附有卖家关于这件衣服的回忆（详见附录案例一）。买家通过阅读一个陌生人的记忆，能够体会到其中蕴含的故事，产生共鸣，实现情感的共享，从而促成购买行为。

4. 店主及店员的解说能力和社群影响力

古着店的魅力不仅在于店铺本身，更在于店主和店员的魅力。

在独立经营的古着店中，店主往往亲自己挑选并采购商品。他们对商品有着深入的了解，并能向顾客详细介绍商品的优缺点、品牌背景、时代背景等。通过与店主的交流，顾客能够获得丰富的知识和乐趣，得到知识上的满足。例如，在本书附录的案例一里，古着店 THINK 的武田先生就曾表示：“希望顾客在与我们交谈的同时，享受欣赏古着的乐趣。”像古着店 SIRTURDAY 的今井先生一样，他还希望通过这种交流促进店铺所在社区的发展。

具有鲜明个性的古着店能够吸引与店主品位契合的顾客，从而容易形成亲密的社区氛围。由于同一地区其他店铺的店主和店员也会成为顾客，因此会产生各种交流和合作，激发出举办活动以丰富街道生活的想法。相比之下，像优衣库这样的连锁店的店员工几乎不可能自然而然地与顾客讨论当地社区的话题，因此，古着店和其他有个性的独立店铺对社区建设具有积极影响。

当然，并不是所有古着店的店主都具备出色的沟通能力。就像在二手书店、二手唱片行和古董店中看到的那样，不擅长交流的人也并不少见。而在典型的连锁店，如快餐店，店员必须按照工作手册的规定，大声问候顾客，这种沟通能力是其工作中的必备素质。但对书店和唱片行（无论销售的是新品还是二手商品）来说，大声并非必要，有时轻声细语反而更为适宜。这意味着即使是不擅长交流、声音小、看起来不那么热情的人，在二手商品行业也能找到适合自己的位置。

对于那些不善于交流的顾客，他们可能不喜欢连锁店那种标准化、过于热情的沟通方式。对这些人来说，古着店和其他二手商品店提供了一个更加舒适的环境。

5. 性价比

古着的性价比高，尤其是那些品相稍差或非知名品牌的商品，价格通常非常亲民，1 000日元或500日元是其常见的售价。所谓的品相稍差，通常只是一些小瑕疵，如轻微的虫蚀。由于日本人对质量要求极高，所以品相极差的商品反而非常少见。如果是二手唱片，可能会有封套严重损坏或盘面有划痕的情况，但衣服通常不会有这么糟糕的情况。如今，破旧的牛仔裤已成为时尚的一部分，磨损的袖口和领口反而增添了衣服的魅力。即便是高端品牌的衣服，但在古着店通常以1万～2万日元的价格就能买到，而在潮流精品店购买同样的新品往往需要更高的价格。考虑到古着有独一无二的价值、发掘的乐趣以及长期穿着的可能性，这样的价格实际上是相当合理的。

有趣的是，如前所述，即使是在古着店，优衣库的商品也颇受欢迎。这个大规模生产的品牌虽然缺乏独特性，但由于其质量有保证，使得人们愿意购买其二手商品，有时这些商品的价格甚至能达到原价的一半。在 Mercari^① 等平台上，优衣库的商品也常常以高价售出。

确实，在发掘古着时，会发现优衣库的毛衣手感良好，款式和尺寸实用，颜色搭配和谐。我曾在高圆寺以 1 000 日元的价格买到过原价 2 万日元的 Armani（阿玛尼）衬衫，而旁边的优衣库衬衫标价 900 日元。这可能是因为这类商品有较大的市场需求。想象一下，20 年后，如果品相良好的优衣库羊绒衫以 1 万日元的价格作为"老款优衣库"出售，那将是多么有趣的事情。

6. 自由搭配和中性穿搭

对新品服饰来说，每年都有不同的流行趋势，这就导致无论顾客走进哪家店铺，都会看到风格类似的服饰。然而，当年的流行趋势未必符合每个人的喜好。与新品服饰受当年流行趋势所限不同，古着不受当下流行趋势的制约，使得人们可以根据个人喜好随时寻找自己喜欢的古着（尽管在古着中也存在某些流行趋势）。

此外，如果是当年发售的新品服饰，将风格迥异的高端品牌衣服混搭在一起，会显得格格不入。但对古着而言，只要搭配得体，不同品牌的服饰可以灵活组合。例如，可以将风格、审美和

---

① Mercari：日本一家知名的在线二手交易平台，用户可以通过手机应用程序买卖各种商品。

目标客群截然不同的 Armani 和 Stussy（斯图西）搭配在一起。特别是对于品位和穿搭方式相对固定的中老年人群，相较于追随流行，从古着中找到自己喜欢的款式是更佳的选择。

古着店通常会将各种品牌的衬衫、夹克和裤子进行搭配，在模特身上进行展示。如果追求时尚设计和搭配的自由享受，古着提供了广泛的选择。

此外，古着中的中性穿搭为自由搭配带来了更多可能性，常见男性穿着女性服饰，女性穿着男性服饰。在国际品牌中，许多女性服饰尺码较大，适合男性穿着；而目前流行的大尺码风格，即"Oversize 风格"，让女性穿男性服饰变得普遍。不仅是尺码，有些男性也偏爱彩色而非单一的黑色或灰色。同样，许多女性并不特别偏好传统女性化的颜色，如粉色或米色。虽然新品服饰已对这些变化做出调整，但古着在中性穿搭方面提供了更高的自由度和多样性。

7. 出售的乐趣

对经常购买古着的人来说，他们可能也会时常出售衣服。在连锁的古着店中，由于评估标准较为严格，有时个人只能以 100 日元或 10 日元的低价出售衣服。然而，在独立经营的店铺中，可以通过寄售的方式进行销售。例如，如果一件衣服以 5 000 日元的价格售出，卖家一般可以得到 3 500 日元的回报。尽管寄售并不保证衣服最终能够被卖出，但它提供了以更高价格成交的可能性，并且可以让卖家感受到有人真正欣赏并购买了这件衣服的价值，这与之前提到的故事性魅力是相呼应的。这种体验与参加跳蚤市场时的感受相似，都能带来一种独特的满足感。

从成熟到精粹

考虑到古着所呈现的种种魅力，不禁让人思考，日本的消费社会是否正经历"从成长到成熟"的转变，并进一步发展为"精粹"阶段。

高度精粹体现在多个方面：首先是美学意识的提升，人们更加注重物品的外观和设计；其次是环保意识的增强，人们对可持续消费的关注日益上升；最后是自我意识变得更加温和，人们不再通过强烈自我主张来表达个性，而是以一种更和谐、平衡的方式展现个性。同时，这种心态也反映了人们对历史和人际关系（社群和沟通）的重视。正是消费者对精粹生活的追求，推动了古着文化的流行。

"三浦记"

关于出售旧物的乐趣，我想分享一段个人经历。正如我之前提到的，我几乎没有购买过古着，也从未尝试在古着店售卖衣服。对于不再穿的衣服，我通常会直接丢弃。

然而，我曾数次参与孩子幼儿园举办的跳蚤市场，以大约100日元的价格出售儿童服装，并以低价处理了自己的衣服、腰带和领带等。我还参与了在吉祥寺PARCO① 大楼顶楼举办的跳蚤市场。除此之外，我一般选择将物品丢弃。回想起来，有些被扔掉的物品其实相当不错，实在是浪费。但由于过去古着店铺较为稀少，即使想要出售，也难以找到合适的途径。

有一次，我认识的建筑师伊藤孝仁先生在埼玉市的大宫，将他的办公室一角改造成店面，举办了一场二手书销售活动，作为支持城市发展建设的一部分。他邀请我加入，我觉得这个主意很有趣，于是决定参与。我不仅出售了旧书，还售卖了古着、唱片和其他杂物。虽然我以前曾在朋友的咖啡店举办过书籍销售活动，但出售衣服还是第一次。

---

① 吉祥寺PARCO：位于日本东京都武藏野市吉祥寺的一家综合购物中心，隶属于PARCO集团。

作为 PARCO 曾经的员工，我自然拥有一些高端品牌商品。而且，我的衣柜里还堆满了不再穿的衣服。随着岁月流转，我也到了该进行"断舍离"的年纪。因此，我准备了大约 200 本书、20 件衣服及大约 100 件杂货和唱片用于出售。

伊藤先生建议我为摊位取一个名字，由于我要出售的是自己的旧衣服和旧书，我便将其命名为"三浦记（Miurano）"。伊藤先生还在办公室里制作了一个独特的展示架，让衣服得以挂起来展示，那是一种圆形的金属架子，非常酷。我在附录的案例一中提到的那位没有实体店面的古着店主铃木女士也加入了我们，她出售了一些古着女装。

尽管我的摊位只营业了短短三天，衣服、杂货、唱片和书籍的总销售额却接近 10 万日元，这超出了我的预期。由于举办方只收取 10% 的手续费，所以剩余的部分成了我的净收入。与书籍相比，衣服的售价更高，因此在总销售额中占有更大的比重。

更令人兴奋的是，偶尔会有顾客在我的摊位上发现他们心仪的物品，而他们的惊喜反应往往给我带来巨大的喜悦。例如，一位年轻男子在看到一本俳句集时，惊讶地高呼："哇，这里竟然有这位诗人的作品集！"他随即兴奋地将其买下。这本书原本是我在俳句出版社工作的朋友送的礼物，由于我对俳句兴趣不大，便将其以 100 日元的价格放在了特价区。能够让他如此开心，我感到十分欣慰。而且，他是和女友一同前来的。我曾经阅读过一位二手书店店主的文章，他说正是这种意外的邂逅让他继续坚守在二手书行业。有些书可能 10 年都无人问津，而有些书则一上架就被抢购一空。这样的不可预测性也是一种乐趣。

还有一个有趣的故事。20 年前，我购买了一件 Armani 的夹克，曾经非常喜爱。然而，随着时间的流逝，它逐渐成了衣柜里的尘封之物。20 年后，当一位在伊藤先生那里兼职的学生穿上这件夹克时，他看起来确实非常帅气。一位在店里帮忙的女士也评价说："他看起来像个很有说服力的人。"这句话深得我心。我记得我是在一次讲座前购买这件夹克的，当时在店里试穿时我就想着："看起来很酷！"然后我毫不犹豫地买了下来，穿着它参加了讲座。让我惊讶的是，这件 20 年前的 Armani 夹克不仅让人看起来很酷，还能给人带来一种有说服力的气场。这次尝试开设二手商品摊位，给我带来的启示也是其中的一大收获。

这些经历让我对出售古着的乐趣有了更深的认识，之后我便将大宫未能售完的物品搬到了多摩新城继续销售。我当地的朋友建筑师横沟先生正在那里进行城市建设活动，他将多摩新城内的一栋别墅翻新成了合租房屋，并邀请我去开设"三浦记"，作为开幕活动的一部分。

在那里，三天内我又卖出了约 5 万日元的物品。后来，横沟先生再次邀请我将"三浦记"开到他的工作室，他的工作室与住宅相连，内有名为"STOA"的零售空间。我将之前未售出的商品和新加入的物品都搬了过去，从此"三浦记"成了"STOA"的常设摊位。我还在此出售了一直堆放在我乡下老家的不再需要的茶杯、酒杯、茶碗，以及已故母亲的一些小物件等。

无须准备，没有风险

通过这些经历，我领悟到，对我们这些年纪稍大的人来说，拥有一个出售古着和旧书的地方非常好。它让我们能够向外界敞开心扉，与城市建立起联系。我只需将物品摆放在伊藤先生或横沟先生的店铺，或者说是空间中，无须任何特别的准备，更不用承担任何风险。这些物品并非需要大笔投资的库存。当然，高端品牌的物品在购买时价格不菲，但那已是 20 年前的事了，即使不能以高价售出，我也不会感到有损失，这让人能够轻松享受出售的乐趣。

"无须准备，没有风险"的观点源自《通过市场改变城市：打造高人气公共空间的方法》一书的作者铃木美央女士。作为支持自治体城市建设活动的一部分，铃木美央女士的工作之一就是创建市民参与的市场，她希望人们在"无须准备，没有风险"的状态下参与。我是在伊藤先生参与的大宫城市建设活动"大宫城市设计中心"举办的一个杂志讨论会上，听到铃木美央女士的这一观点的，并对此深有感触。

坚定地承担起城市建设的风险，不依赖政府机构，不逃避责任，积极主动地实践，这正是那些试图通过修复活动来振兴城市的人的核心信念。这种精神实在是令人敬佩。

这与创业所需的精神如出一辙。遗憾的是，我并没有这样的精神。再者，作为一个年岁已高的男士，现在并非我投身创业的时机。我对信息技术知之甚少，也无意经营连锁便利店。更不用说当一名店员，因为我记不住那么多琐碎事务。开设全新服装店或古着店也同样不在我的兴趣之列。倒是开一家二手书店稍微能引起我的一些兴趣，但书籍过于沉重，恐怕会对我的腰部造成伤害。

对精神和体力都有所限制的我来说，能够找到一个"无须准备，没有风险"的地方进行类似商业活动，这是极其宝贵的，这能让我收获乐趣，还能获得一些收入，成为城市建设的实验和实践的一部分。还有什么比这更美好的事呢？

咖啡洗衣房①的成功，无疑在很大程度上归功于其为参与者提供的"无须准备，没有风险"的参与环境。在这样一个温馨的空间里，人们可以随心所欲地进行各种活动，无论是工作、处理家

---

① 咖啡洗衣房：顾客在咖啡区既可以工作，也可以做家务。咖啡洗衣房秉持着"可以自由做任何事"的理念，人们可以带二手唱片、旧衣服、自制手工艺品和糕点来销售，甚至可以在此举办舞会。

务、出售自制的手工艺品，还是卖古着，都能在一种轻松愉悦的氛围中完成。

对那些日复一日忙于工作的上班族而言，他们与城市的链接往往较为薄弱。特别是对于那些在年轻时只能在职场中寻找自我价值的男性，退休后激励他们走出家门，积极参与社区中的活动，不仅有助于缓解孤独感，提高生活质量，也是政府和社会的一项重要任务。然而，当他们真正踏出家门，面对社区生活时，他们能做些什么呢？这一直是一个具有挑战性的问题。

既然如此，为何不尝试将家中那些尘封已久的不再阅读的图书、不再听的唱片、不再穿的衣服拿出来出售呢？那些珍藏的邮票、硬币、旅游纪念章等，都可以成为销售的对象。销售场所的设计时尚又吸引人，而且只需支付 10% 的手续费，这样的提议确实让人心动。

寻找、购买、出售古着，并不仅仅是简单的消费行为，或货币与商品的简单交换。我认为，在这个过程中，人们不仅是消费者，更是自由的探索者和研究者。合理地进行二手商品售卖活动，不仅能够丰富个人的生活体验，还能为城市注入新的活力。

不热闹也无妨

　　为了吸引那些喜欢宅在家中的退休男性走出家门，采用"无须准备，没有风险"的方式无疑是恰当的。有时候，一个宁静而非热闹的环境更加符合他们的需求。喜欢宅在家中的人并不仅限于退休男性，这类人之所以选择留在家中，很大程度上是因为他们不喜欢喧嚣。正如有些人对喧闹的电视节目不感兴趣一样，也有人对过于热闹的地方敬而远之。看到充满活力的人群，他们可能会感到筋疲力尽。因此，他们更愿意宅在家中。

　　如果我们认定这样的宅家生活方式存在问题，并鼓励宅在家里的人参与社区活动，那么就应该为其提供一个安静而平和的空间。像氛围良好的咖啡馆、充满书香的二手书店、宁静的古董店等地方，正是这些喜欢宅在家里的人愿意光顾的场所。

　　就像前文中提到的多摩新城的"三浦记"，有一位年纪较大的男性顾客每周都会前来选购图书。当我开始播放一些老爵士音乐时，另一位似乎在家中找不到归属感的中年男性也开始频繁光顾。在现代城市中，尤其是那些经过重新开发的城市，适合中老年男性的去处正逐渐减少。

　　"三浦记"所在的多摩新城的"STOA"，位于建筑工作室的一角，其设计风格独具匠心。然而，这里并没有让中老年男性感到难以接近。店前设有一个 100 日元的旧书角，室内装饰也采用了二手物品。对中老年男性来说，这些二手家具、衣服和书籍反而增添了一份亲切感。

不仅是中老年男性，许多年轻人也不喜欢热闹的氛围。在日本，选择宅在家里的年轻女性也越来越多，我的身边就有好几个这样的例子。对这些人来说，重要的是有一个他们愿意尝试前往的地方。

在人口减少和超老龄化的社会背景下，通过制造热闹来吸引人群并振兴城市，并非长久之计。

我们需要深思的是，对每个地区而言，有哪些活动虽然平凡却能持续不断，周复一周、月复一月、年复一年地进行，这才是真正维持地区可持续发展之道。

二手唱片消费

尽管本次调查并未特别针对黑胶唱片，但众所周知，近年来黑胶唱片的销量正逐渐攀升。《日本经济新闻》在 2023 年 2 月 12 日的报道中提及了美国黑胶唱片市场，并引用了一位行业人士的话："对消费者和艺术家双方来说，黑胶唱片不仅具有情感价值，还具有经济价值。"其中，情感价值占据了核心地位。与新发行的黑胶唱片相比，那些承载着几十年历史、略带磨损的二手唱片更能够触动人们的心灵。

虽然在日常生活中，为了便捷性，多数人更愿意通过手机听音乐，但仍有一部分人，出于对心仪艺术家的支持，渴望拥有实体的音乐作品，追求那种"持有形态音乐所带来的稀缺体验"。甚至有些人，即便没有播放设备，也会选择购买唱片以表示对心仪艺术家的支持。不可否认，正是因为黑胶唱片那直径达30厘米的物理形态，才使得人们对它产生了深厚的感情。

在我近期观看的电影中，有一部令我感动落泪的作品——美国电影《他山之乐》。一家名为"他山之乐"的黑胶唱片行位于纽约东村这一充满亚文化氛围的地区，自1995年开始营业，与大型唱片连锁店淘儿唱片[①]相邻。然而，随着数字流媒体成为主流，该店在2016年宣告关闭。电影通过采访店主、员工及顾客，展示了他们对店铺及每一张唱片的深情，以及因店铺关闭而引发的哀愁。正是因为唱片是实际存在的物体，它蕴含真实的魅力，加上负责采购的员工的解说能力，唱片像古着一样充满了故事，这些故事链接了过去和未来，创造了新的纽带。这样的店铺的消失，实在令人难以抑制悲伤之情（顺便一提，由于流媒体的普及导致经营困难，纽约东村的淘儿唱片比他山之乐更早关闭，在2006年便关

---

① 淘儿唱片：一家起源于美国的国际连锁唱片行。

闭了）。

《日本经济新闻》的一项全球调查显示，人们购买唱片的理由多种多样：他们渴望拥有音乐，享受视觉上的美感，喜欢播放唱片的仪式感，希望沉浸在整个专辑的体验中，喜欢阅读封套内的歌词和介绍，以及想要支持自己喜爱的艺术家。

与那些只熟悉数字音乐的年轻人不同，对像我这样过去 15 年一直主办"黑胶唱片会"的人来说，这种趋势极为令人振奋。在购买唱片的过程中，到唱片行去寻找、发现之前未知的或长期寻找的珍贵唱片，比在网上购买要有趣得多。虽然在网上可以轻松找到不知名的唱片，但在唱片行内挖掘到宝藏的体验本身就是一种乐趣。这与在古着店发掘古着的经历颇为相似（写到此处，我不禁心生向往，忍不住跑到吉祥寺的唱片联盟[①]，一口气购入了 6 张唱片）。

中国游客购买爵士音乐黑胶唱片

近年来，包括中国游客在内的外国游客纷纷涌向古着店和唱片行。大约在 2018 年，我曾多次在新宿的唱片联盟爵士馆看到中

---

① 唱片联盟：Disk Union，一家日本知名的音乐零售连锁店。

国顾客大量购进黑胶唱片。记得有一次，一位男士一次性购买了约 100 张爵士音乐黑胶唱片。他似乎正在用手机与他人商议采购事宜，对方可能是他在其他店铺寻找黑胶唱片的伙伴，或是远在中国的同事。我在西荻洼^①的一家小型二手唱片行也见过类似的中国买家。

在中国，黑胶唱片市场并不大。中国经济快速发展，在迈入 CD 时代不久之后又进入了流媒体时代。在 20 世纪 90 年代，大多数中国人可能并不知道披头士乐队。但随着经济的发展和富裕阶层的出现，使用高品质立体声设备播放黑胶唱片成了身份的象征。于是，中国游客开始前往日本采购黑胶唱片。

尽管中国黑胶唱片市场未发展壮大，但专门搜集日本爵士音乐黑胶唱片的批发商的存在，显示出中国黑胶唱片市场正迅速升温。我从访问日本的中国人群中了解到，在中国的富裕阶层中，有人专门配备老式音响设备，热衷于欣赏价值高达 10 万日元（约合人民币 5 000 元）的二手黑胶唱片（我的书籍在中国销量颇佳，作为考察日本的一部分，每周都有中国企业家来日本参加我的讲座，这是我从他们那里获得的信息）。

不仅仅是黑胶唱片，越来越多的外国人也来到日本购买古着、相机、手表等各类商品。在高圆寺或吉祥寺的古着店，常能看到

---

① 西荻洼：日本东京都杉并区的一个住宅区和商业区。这个地区以独特的艺术气息、充满个性的小店铺、古董店及二手书店而闻名。

众多中国人、韩国人，以及法国和美国的年轻人。甚至西荻洼的古着店还吸引了许多法国中年人。

古着耐用，历久弥新

我一直认为，衣服通常是非常耐用的。如果妥善穿着，它们能够持续使用数十年。日本的和服便是一个绝佳例证。然而，当服装被视为一种消费品时，时尚的概念应运而生，人们会觉得现有的衣服过时了，进而喜新厌旧。这种现象已经存在了很长时间，大约是从 50 年前开始的。在此之前，人们还常在家中自制衣服。

通常说到耐用品，大家会想到家用电器，在各种统计数据中也是如此分类的。但实际上，衣服作为耐用品的属性远超家用电器等，后者才是真正的消费品，可能 5 年就会损坏，10 年可能就要淘汰。除非是在极端的日常使用条件下，否则衣服很难在 10 年内穿破，因此衣服更应被视作耐用品。

显然，在 50 年前，人们会修补衣服（甚至是袜子）的破损之处，为了多穿一段时间，直到它们破旧到不能穿为止，那时的衣服并未被视为消费品。但在所谓的"富裕时代"，人们对衣服不再充分利用，一旦不再流行就果断舍弃，结果导致数十年前的衣服作为古着再度流通。

百货公司的倒闭和家用电器卖场的兴起，反映出衣服已转变为耐用品，而家用电器不再是耐用品。以服装销售为主的百货公司无法进一步提升销售额（针对富裕群体的高端店铺如新宿伊势丹等除外）。随着可持续生活方式越来越受到推崇，人们购买古着并长期穿古着，将不再需要的衣服卖给古着店，供他人继续穿着，这种模式将成为常态，也理应成为常态。百货公司将变得非必要，如果百货公司想要存活下去，或许需引入高端古着品牌。除非是真正具有革命性创新的新品服装，否则新品服装的销售将会日益困难。

同样地，二手唱片也属于耐用品。只要不被严重刮伤，它们的播放次数几乎是无限的，且音质比数字音乐更为饱满。二手家具亦是如此，若其出自工匠之手，不仅耐用，随着时间的流逝还会增添独特韵味。现代消费者追求的（未来消费者也会追求的）正是这种具有潜在增值能力的商品，它们拥有持久的价值和随时间增长的魅力。

相比之下，像无印良品或宜得利这样的家具和收纳产品，人们在开始独居或新婚时几乎都会购入，但最终很多都被丢弃在垃圾场，尽管无印良品的理念为"为生活提供普遍的、恒久的价值和设计"，即销售简约而不易厌倦的商品，不应制造一次性家具。

实际上，自 2010 年起，无印良品已经开展了名为"再无印（ReMUJI）"的服装回收和再利用项目。在检查回收的衣服时，无印良品发现许多衣服仍可继续穿着。因此，无印良品希望与顾客一起对这些衣服重新染色，赋予它们新生命，并共同思考珍惜衣服的重要性。从 2022 年开始，无印良品还推出了家具和塑料产品的回收计划。通过网上商城和无印良品全国各大店铺的"不浪费集市"，出售运输途中受损的微瑕新旧商品及二手家具。这也是实践无印良品的初衷"物有所值"的一种方式。

边缘化事物的自我主张引领社会与市场变革

当我深入思考时，我发现古着和这些年来我一直倡导的共享住宅之间，存在意想不到的相似之处。在它们成为潮流之前，出于被认为是不洁净的、显得寒酸的、他人穿过的、与他人共享生活空间等原因，古着和仅由旧房翻新改建而成的共享住宅常常遭到人们的排斥。在一个认为持续购买全新产品才是进步的时代，从昭和时代早期直至泡沫经济时代的人群，也就是现在 55 岁以上的这一代人，他们深刻记得那个时代充满了将共享转变为私有和专用的快乐，因此他们对古着和共享住宅持有较强的抵触感。然而，随着时间的流逝，这种排斥逐渐减少，穿古着或居住在共享住宅开始成为一种时尚。

通常遭到拒绝或不被接受的事物往往预示着新时代的曙光。那些曾被边缘化的事物开始为自己发声，随着越来越多的人开始倾听这些声音，一个崭新的社会正在形成，而市场也将伴随着这些变化而扩展。

40 ~ 44 岁人群是穿名牌童装长大的一代

接下来，我们将深入了解问卷调查的综合分析结果。首先来看不同性别和年龄段人群在古着消费上的支出情况。在男性群体中，40 ~ 44 岁的消费者在古着上的花费最为显著，紧随其后的是 20 ~ 24 岁的年轻群体，而 45 ~ 49 岁的群体也有一定的古着消费；女性消费者的购买趋势则相对分散，20 ~ 69 岁的女性均有广泛购买古着的行为（如图 5-1 所示）。

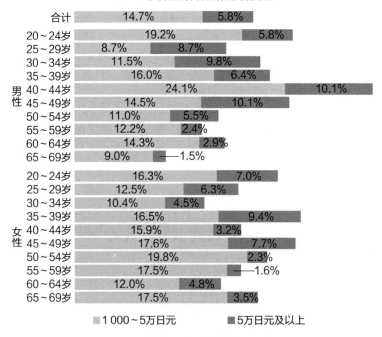

图 5-1　按性别和年龄统计古着消费额

资料来源：文化分析研究所"新家庭经济调查"，2023 年。

　　40 ～ 44 岁男性之所以在古着上有更多的消费，可能是因为他们属于经历了就业冰河期的一代，收入相对较低。正如前文提到的建筑师横沟先生的例子，他 30 岁从研究生院毕业，加入了一家建筑公司，但月薪仅有 5 万日元，常常需要工作到深夜。当无法返回位于埼玉的家中时，他会暂住在高圆寺的一间破旧公寓里，那是他一位朋友提供的住所。在有重要汇报演讲的前夜，他会在凌晨 1 点去公共浴池洗澡，然后在凌晨 2 点走进古着店以 800 日元的价格挑选一件夹克，并在第二天清晨穿上它出发。

几年前，我本人也曾走访过高圆寺的古着店，在那里仅花 1 000 日元就买到了一件 Armani 的衬衫。在高圆寺地区 Ralph Lauren（拉夫劳伦）的衬衫随处可见，但 Armani 的衬衫却相对较少，而且价格仅为 1 000 日元。之后，我穿着它参加了一家大型房地产公司的汇报会。我之所以这样做，是想巧妙地暗示与会者：我们正处在一个特殊的时代，即使是像 Armani 这样的高端品牌，也能以低廉的价格购得。因此，房地产行业也必须跳出传统思维的框架，吸引一些与众不同的消费者。

当前 40 ～ 44 岁的群体在童年时期经历了泡沫经济时代，他们的父母很可能穿过 Armani 或川久保玲等品牌的服装，并可能为他们购买这些品牌的童装。事实上，这个年龄段的大多数人至少曾经穿过川久保玲的子品牌的衣服。我记得大约是在 1983 年，涩谷的 PARCO Part 2 商场开设了儿童服装区，那时中央区立泰明小学的校服由 Armani 设计制作，这一事件曾引起广泛讨论，反映了当时较为富裕的家庭孩子的着装情况。

此外，20 世纪 90 年代后期，比 40 ～ 44 岁群体略微年长的一代，即所谓的第二次婴儿潮[①]一代，那时正处于 20 ～ 29 岁，开始

---

① 第二次婴儿潮：日本在 1971 年至 1974 年出生的人群，这一时期日本经历了第二次婴儿潮，出生率显著上升。与第一次婴儿潮（"二战"后立即发生）的人群相比，这一代人成长于日本经济高速增长的末期及其后的泡沫经济时代，因而其在社会经济背景和价值观上与第一次婴儿潮一代有所不同。

在原宿等地引领时尚文化和街头潮流。而当时刚刚进入高中或大学的如今 40 ~ 44 岁的群体，开始向往并追随这些文化潮流，进行相关的消费活动。他们是当时的人中，愿意花费超过 10 万日元竞购迈克尔·乔丹（Michael Jordan）同款运动鞋的人群。

因此，在分析古着消费时，我们首先将关注点放在 20 ~ 49 岁的男性身上。根据调查问题的需求，为了增加样本量，我们可能会将年龄段进一步细分为 2 个小区间来进行汇总分析。

正如前文所述，如果重视古着的独特性及其背后的故事，那么是不是品牌商品就不应该成为最重要的考量因素。

现在，让我们深入探讨一个问题："在购买时不太看重品牌"这一消费态度与古着消费额之间的关系。

在 35 ~ 49 岁的中年人群中，那些不太看重品牌的消费者，也就是那些认为"符合"的人，他们的古着消费额相对较低，其中仅有 2% 的人古着消费额为 5 万日元及以上。而那些相对更看重品牌，即认为"不太符合"的人，他们的古着消费额则相对较高，有 15% 的人古着消费额为 5 万日元及以上。这一数据表明，这部分中年人群对时尚有着较高的热情，并且对品牌有一定的偏好。

在 20 ~ 34 岁的人群中，那些看重品牌的人，即认为"不符合"的人，他们较少购买古着，只有 16% 的人古着消费额超过了 1 000 日元。而那些不太看重品牌的人，即认为"符合"的人，他们购买古着的比例更高，有 27% 的人古着消费额超过了 1 000 日元，这一消费特征与中年人群相反，显示出年轻人群在古着消费上的态度和行为模式与中年人群有着显著的差异。

古着消费者趋向中性化

当前的年轻男性群体展现出了独特的风格：他们身材修长，面容精致，不少人甚至青睐女装款式。据了解，在古着店中挑选Tiffany（蒂芙尼）等品牌的饰品自用的男性消费者数量相当可观。

当我们将"购买可爱风格的时尚物品"这一行为与古着消费数据进行交叉统计分析时，我们发现那些偏爱可爱风格的男性在古着上的消费更为慷慨。特别是在35～49岁的男性群体中，这一消费倾向尤为明显（如图5-2所示）。此外，20～34岁的男性及35～49岁的女性与35～49岁的男性群体表现出了相似的消费倾向。

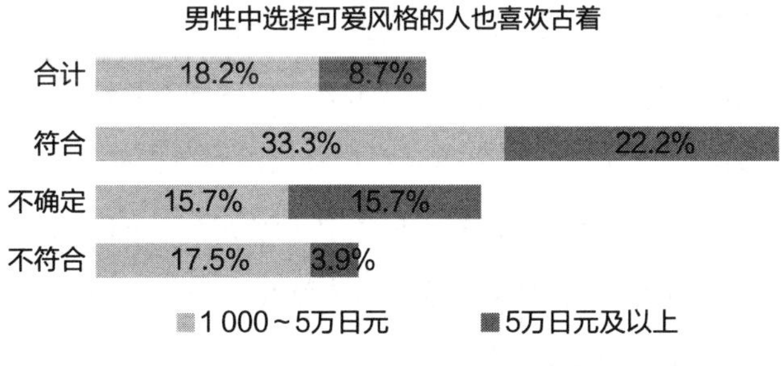

男性中选择可爱风格的人也喜欢古着

	1000~5万日元	5万日元及以上
合计	18.2%	8.7%
符合	33.3%	22.2%
不确定	15.7%	15.7%
不符合	17.5%	3.9%

■1000~5万日元　■5万日元及以上

图5-2　35～49岁男性按是否选择可爱风格统计古着消费额

资料来源：文化分析研究所"新家庭经济调查"，2023年。

若是选择全新服装，人们往往囿于传统的性别观念。或许正是对这种局限感到反感，一些人才转而购买古着。特别是对20 ~ 49 岁的男性而言，尽管职场中的他们常常身着黑色西装，但在私下里，他们可能更偏好那些色彩亮丽、设计可爱的服饰。

当然，如今的百货商店和品牌专卖店也在逐步迎合年轻一代的需求，推出越来越多中性化的商品和专区。就连男性的工作夹克也趋向于采用更加柔和的设计，甚至出现了无领款式。然而，新品服装还是难以像古着那样能自由搭配。归根结底，那些追求更自由的生活方式的人群，更倾向于选择古着。

在附录案例一中提到的多摩新城的古着店 SAJI 的招牌上就写着"愿所有人，不分性别、年龄、背景、种族，都能光彩照人（May all gender, age, background, race shine as a person）"，这样的理念将古着界定为一种超越性别、年龄、能力、种族等界限的时尚物品。

古着成为时尚界焦点的一部分原因，被认为与 20 世纪 60 年代兴起的嬉皮士运动有关。嬉皮士们挑战传统价值观，尤其反对男性穿着黑色西装投身职场、女性成为家庭主妇的固有生活方式。他们表达反叛的一种方式就是选择穿着古着或民族风格的服饰。因此，许多摇滚乐手也经常身穿古着。像大卫·鲍伊（David Bowie）和暴龙乐队（T.Rex），他们时常展现带有中性化特征的时尚风格。这种亚文化的影响一直延续到今天。

推动人们增加古着消费的另一个重要因素是恋爱关系的存在。实际上，不少情侣会选择一起逛古着店，甚至有媒体报道过"古着店约会"的概念。

当人们拥有了伴侣之后，整体的时尚消费往往会增加，其中古着消费的增加尤为引人注目。特别是在 35 ~ 49 岁的男性和女性当中，这一趋势表现得尤为明显（如图 5-3 所示）。

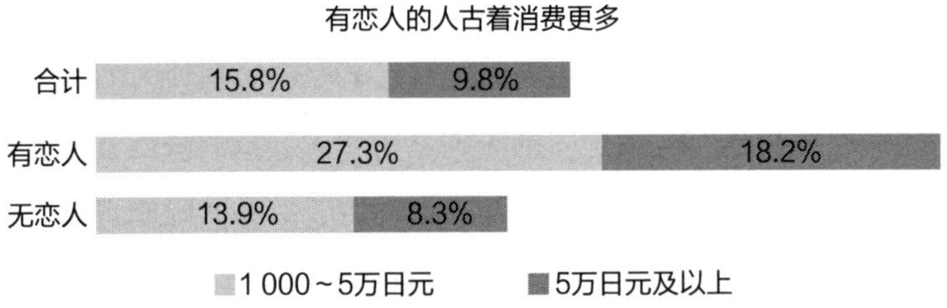

有恋人的人古着消费更多

合计	15.8%	9.8%
有恋人	27.3%	18.2%
无恋人	13.9%	8.3%

■ 1 000 ~ 5万日元　　■ 5万日元及以上

图 5-3　35 ~ 49 岁的人按有无恋人统计古着消费额

资料来源：文化分析研究所"新家庭经济调查"，2023 年。

古着的治愈效果

购买古着也可以视作一种复古消费，而复古消费通常与孤独感有关。那么，购买古着是否也与孤独感有关呢？通过数据分析，我们发现古着消费额其实与孤独感无关，对未来生活的不安感与购买古着不是正相关的。有趣的是，数据显示那些感到不安的人群往往更少购买古着。

当我们进一步分析古着消费额与人们对日本未来发展方向看法的关系时，我们注意到一个现象：那些对日本未来持乐观态度的人，他们的古着消费额往往更高。这与认为日本正朝好的方向发展的人在昭和复古领域的消费较多的情况相一致。因此，我们可以推断，古着消费似乎与对未来生活的不安感、对国家未来持悲观态度负相关。

那么，除了这些心理因素，还有什么原因会促使人们购买古着呢？答案可能与"治愈"这个词紧密相关。虽然缺乏直接数据支持这一观点，但根据我个人多次访问古着店并实际购买古着的经历来看，古着似乎确实拥有某种治愈效果。

正如附录案例一中铃木女士所描述的那样，古着能带给人一种新的服装所无法提供的独特的安宁感。的确，触摸一件由高档羊绒制成的全新品牌服装，能给人一种治愈的体验，但古着因为被穿过而具有一种特别的柔软质感，仿佛更加贴合肌肤，给人带来如同抚摸宠物般的舒适体验。

此外，从那些热爱穿着祖母那一辈的古着的年轻女性那里，我们了解到她们祖母那一辈正值"迪奥时尚"的鼎盛时期。那时祖母们非常讲究打扮。一般她们所穿的即使不是名牌，也是品质上乘的衣服，并且她们会小心翼翼地保养和穿着这些衣服。这与如今快时尚流行后即弃的风气形成鲜明对比，即过去的人与衣服之间存在着一种细腻而深入的联系。正是这种特殊的时代韵味和精心维护的情感，让人们在古着中找到了一种难以言喻的治愈之感。

从治愈的视角出发，近年来在日本兴起的金缮、修补等"精粹生活"趋势，同样体现了治愈的力量。在数字化时代带来的忙碌生活中，通过专心致志于一项活动，人们能够重新找回内心的宁静，这正是金缮、修补等活动的魅力所在。

古着消费与移居意愿存在相关性

在过去的 10 年中，我一直关注地方的复兴问题。最近，我的注意力被古着所吸引，并开始思考地方复兴及人们向郊区迁移的趋势与古着消费之间是否存在某种联系。

如果将地方城镇视作"二手商品"，那么地方城镇的中心区域就是"二手市中心"（实际上，东京周边也逐渐展现出了"二手"城镇的特征）。

基于这样的视角，我提出了一个假设：经常购买古着等二手商品可能与人们的移居意愿相关联。通过统计分析，我们发现那些考虑移居的人往往会更多地购买古着，特别是在 20 ~ 39 岁的年龄段中，这一趋势尤为明显（如图 5-4 所示）。

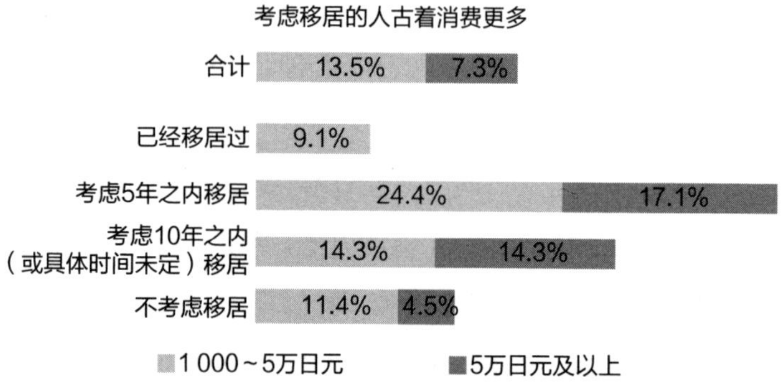

考虑移居的人古着消费更多

	1 000~5万日元	5万日元及以上
合计	13.5%	7.3%
已经移居过	9.1%	
考虑5年之内移居	24.4%	17.1%
考虑10年之内（或具体时间未定）移居	14.3%	14.3%
不考虑移居	11.4%	4.5%

■ 1 000~5万日元　　■5万日元及以上

图 5-4　20～39 岁的人按移居意愿统计古着消费额

资料来源：文化分析研究所"新家庭经济调查"，2023 年。

引人注目的是，那些已经移居的人却很少购买古着。这可能是因为移居之后，他们所处的整个城镇和生活环境都渗透着一种"旧"的韵味和治愈感，从而减少了他们对古着的需求，或者是因为他们更容易接触古着。这一现象在一都三县① 的居民中都有所体现。

此外，人们的移居意愿不仅与古着消费有关，还与其他二手商品消费、制作或获取物品的经验、修理物品的开销等方面存在关联。那些在考虑移居前就有较多其他二手商品消费或修理物品的开销的人，以及有制作或获取物品的经验的人，更倾向于考虑移居。

即便对那些尚未移居的人来说，拥有住宅设计或翻新经验的

① 一都三县：日本的首都圈区域，包括东京都及周边的埼玉县、千叶县和神奈川县。这个区域是日本的政治、经济和文化中心，人口密集、交通网络高度发达。

人①，相较于没有此类经验的人，其古着消费也较多（如图 5-5 所示）。实际上，自己设计住宅的人可能并不多，大多数人会选择对二手住宅进行翻新。对那些翻新二手住宅的人来说，他们在服装上更偏爱古着。

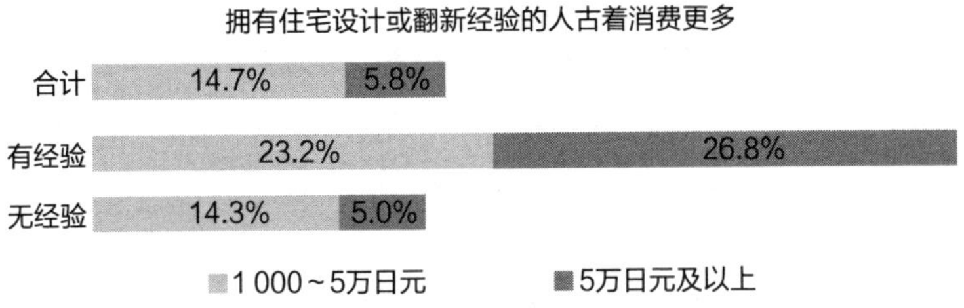

拥有住宅设计或翻新经验的人古着消费更多

	1 000~5万日元	5万日元及以上
合计	14.7%	5.8%
有经验	23.2%	26.8%
无经验	14.3%	5.0%

■1 000~5万日元　　■5万日元及以上

图 5-5　20 ~ 69 岁的人按有无住宅设计或翻新经验统计古着消费额

资料来源：文化分析研究所"新家庭经济调查"，2023 年。

邻里链接意愿与古着消费的相关性

我们发现，那些重视未来居住地社区交流的人，往往会更多地进行古着消费。这种趋势在 35 ~ 49 岁的男性群体中尤为突出（如图 5-6 所示）。

① 拥有住宅设计或翻新经验的人，指的是在回答"在过去 5 年里，您是否自己动手参与过下列物品的制作？"这一问题时，选择了"住宅（包括新建、改造和翻新住宅，仅限于您本人积极参与了设计或创意过程的情况，即使同时还聘请过建筑师或木工等专业人士也无妨；不包括仅向设计师表达自己的需求和期望的情况）"的人。

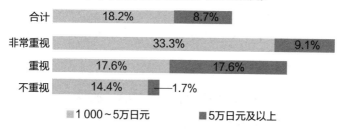

图 5-6　35 ~ 49 岁男性按是否重视未来居住地社区交流统计古着消费额

资料来源：文化分析研究所"新家庭经济调查"，2023 年。

　　正如附录案例一中指出的，古着店本身也越来越重视与当地社区的联系。古着店从当地年长的居民手中收购古着，强调年轻一代在购买古着时能够感受到其中蕴含的故事。这不仅是物品的再利用，更是文化和历史的传承。这些故事不仅关乎衣服的前任主人，也可能与该地区的历史和文化有关。古着店的这种新趋势似乎与人们希望在居住地建立更紧密的邻里关系的愿望相吻合。

　　相比之下，在连锁品牌店中，顾客与店员之间的互动较少，有时甚至采用自助结账，这样的购物体验并不利于社区感的形成。然而，如果能够恰当地利用古着，就可以通过这一独特的产品来促进社区的建立和发展。尽管不仅是古着，专门经营特色牛仔裤的个体店铺也能够促进社区的形成，但古着因其通常是从当地居民那里收购而来的而具有独特的社区意义。在当前社会背景下，空置房屋的增加及越来越多的人秉持"断舍离"的理念，导致大量不再穿的衣服涌现。从可持续发展的角度来看，我们并不是生活在一个应该轻易丢弃衣服的时代。因此，古着店收购并出售这些衣服不仅具有经济价值，也具有深远的社会意义。

古着店与地方复兴的相互作用

古着店与地方复兴的相互作用体现在它们都为人们提供了一种独特的体验和情感链接。从这个角度来看，我们便会逐渐理解在地方城镇开设古着店的深层意义。

古着店通过采购、修复、清洗和整理二手衣服，让这些带着时光印记的服饰重放光彩。顾客被二手衣服这种渐趋稀缺的复古魅力所吸引，愿意将这些衣服带回家。即便他们并未购买，仅仅是欣赏或感受这些衣服，他们也能感受到一种心灵上的抚慰。

地方复兴的概念与古着店有着异曲同工之妙。地方上，许多老建筑、历史悠久的招牌和传统工具等遗产留存至今。在过往，当这些遗产过于陈旧时，人们往往会将它们拆除，以新的建筑、招牌、工具等取而代之。然而，现今由于资金短缺，这些历史见证者得以保留，但它们仍缓缓地走向衰败。对生活在快节奏信息流中的现代人而言，时间流逝的缓慢、建筑如生命般消逝的过程，以及仿佛时间停滞的老街道，都散发出一种难以言喻的魅力。在这里，人们找到了心灵的慰藉。

然而，地方复兴面临的问题是，人们在谈及复兴时，往往首先想到的是在交通枢纽（如车站）前建造宏伟的现代建筑。这样的发展模式，不仅抹去了城镇的历史痕迹，也让日本乃至世界各地的城市风貌变得千篇一律，失去了各自的特色。

老建筑、老街道等的魅力，越发吸引年轻人的注意。他们开始涉足那些承载着悠久历史的建筑和街道，探访那些曾经辉煌一时的日式料理店的遗址等。

尽管在某些情况下，新兴建筑的需求不可避免，但这并不意味着拆除城镇中的所有老建筑就能带来地方的振兴。大城市的摩天楼群已经林立，其中忙碌奔波的人数不胜数。地方城镇的魅力在于其悠闲的生活节奏，一旦这种特质不复存在，地方城镇也就失去了它的独特意义。所谓的"慢"，不仅指的是时间的缓慢流逝，它还体现在制作物品、烹饪食物时的精心与耐心。与快餐文化形成鲜明对比的是，那些采用当地新鲜食材、经过手工细心制作的美食，被称为"慢食"。这不只是关于休闲时间的概念，更是一种工作与生活的节奏。

进一步而言，"慢"甚至可能意味着生命走向尽头的缓慢过程：慢慢劳作、细细品味、悠悠生活、宁静离世。对被迫处于快节奏生活的现代人来说，这可能是他们终极的向往。古着、二手唱片、露营时的篝火晚会，都是人们渴望慢生活的具体体现。

因此，我们不应轻率地拆除老建筑。即便在它们不再完全适应现代用途时，翻新而非拆除重建，也能打造出充满魅力的空间。过去 20 年来，翻新行业的不懈努力已经证明了这一点。

前桥市老酒店翻新案例

当我开始涉足古着领域时，我恰好担任日本文化厅^①主办的"建筑文化研讨会"委员。该研讨会为我提供了表达观点的平台。该研讨会广受关注，部分原因可能是知名演员铃木京香^②女士也是其中一员。

"建筑文化研讨会"的宗旨在于保护那些尚未被列为文化财产的近现代建筑，防止它们在激进的城市开发浪潮和经济压力下被拆毁。同时，该研讨会致力于维护这些建筑及其周边区域的文化遗产和景观风貌。

在研讨的过程中，我注意到设计新建筑时常常默认拆除老建

---

① 文化厅：日本政府的一个机构，隶属于文部科学省。它负责推广和保护日本的文化和艺术，包括文化遗产的保护、艺术活动的支持，以及推动国内外对日本文化的理解和交流。

② 铃木京香（1968—）：日本女演员，出生于日本宫城县仙台市，毕业于宫城县泉高等学校、东北大学经济学部商学科。

筑，而鲜有保留并翻新老建筑的实践。

然而，2023 年 5 月，我在前桥市的一次采访中，发现了一家大约 50 年前建造的酒店，它通过投入超过新建酒店成本的资金进行翻新，获得了极高的评价。这个翻新项目由知名建筑师藤本壮介①负责。他们去除了酒店原有的地面和墙壁结构，并加入了新的结构元素，创造出一个充满动感的体验空间。我相信，藤本壮介在设计全新的酒店时，同样能创作出划时代的建筑作品。但正是他的特殊视角，使得这个高成本的翻新方案得以实施，这种方案不仅具有话题性，而且让人深切感受到这座建筑约 50 年的历史沉淀与故事。对那些对这家老酒店有着回忆的人来说，这样的成果无疑是令人满意的。

在"建筑文化研讨会"上，我还提出了这样的观点：不应仅仅关注由知名建筑师设计的建筑。那些承载着回忆的历史悠久的日式料理店、大家熟悉的老电影院，甚至是街角的小酒吧，同样是建筑文化的重要组成部分。不仅是名师设计的服装才有价值，母亲亲手织的毛衣、祖父留下的黑色西装，对每个人而言都拥有不可替代的意义。这份情感价值，甚至能够跨越代际，传递给年轻一代。

---

① 藤本壮介（1971—）：知名的日本建筑师。他的作品以现代性、简洁的线条和对空间的深刻理解而著称，他常常将自然元素融入设计之中，创造出既实用又富有艺术美感的空间。

古着和古着店促进地方城镇复兴

古着和古着店在促进地方城镇复兴方面扮演了重要角色，它们与城市规划的目标不谋而合，即强调地方和老城区的独特性及其故事性。长期居住的居民可能不易察觉这些特质，因此，挖掘和诠释地方城镇魅力的角色，或是构建社区的角色，对地方城镇复兴至关重要。

此外，协调各个店铺以增强地方城镇魅力的能力也是必不可少的。顾客参与跳蚤市场等活动，变身卖家，增添了乐趣。古着和古着店为地方城镇的复兴提供了新的视角，能够与地方城镇复兴（中心市区活性化）相互协作，实现共赢。

那些绝大多数店铺卷帘门紧闭的中心商业区，可以被视为"二手商业街"。有人考虑在此建造全新的现代化大楼来推进城市化，但我认为引进几家古着店可能是更好的策略。这样的策略不仅能够吸引从东京移居或返乡的人开设自己的古着店，而且古着店与老商业街相得益彰，显得时尚（详见附录案例一中的前桥市）。如果店主擅长交流，便能吸引不同年龄层的人群聚集，促进老年人和年轻人的交流，从而催生关于城市规划的新想法。

在郊区的购物中心，充斥着仿制的高端品牌商品，而古着店内则有正品的川久保玲、Maison Margiela 等品牌商品。对时尚爱好者来说，他们更倾向于光顾有特色的"二手商业街"中的古着店。

被誉为古着圣地的高圆寺 LOOK 商业街，30 年前不过是一条破旧的商业小巷，连一家便利店都找不到，是一个不折不扣的"二手商业街"。随着代际更替，这条街上空置的店面逐渐变成了古着店（这或许与高圆寺地区众多初出茅庐的演员和音乐家有关，他们对古着的需求推动了这一趋势）。"二手商业街"变成了"销售二手商品的商业街"，并最终赢得了"古着街"的美誉。时至今日，高圆寺 LOOK 商业街及其周边的几条街道上，古着店的数量急剧增加，各式各样的古着店铺纷纷涌现，总数已接近 200 家。这里不仅吸引了来自日本全国的古着爱好者，更吸引了全球范围内的"寻宝者"。古着店的兴起，已成为推动地方城镇复兴的一股强大动力。

纵向链接与横向链接

在现代社会中，人们追求的是纵向与横向的链接。政府和企业等组织有责任为这些链接创造机会。

纵向链接指的是那些与时间相关联的纽带，它们有历史性和故事性；而横向链接则是指人与人之间的关系网，包括在工作和生活领域中形成的各种人际关系。

家庭关系本质上是一种纵向链接，它从父母延伸到父母的父母，一直追溯到远古的祖先。

同时，家庭中也形成了叔侄、堂兄弟姐妹、表亲及姻亲等关系，这些链接既有纵向的，也有横向的，甚至还有些是斜向的，构成了一个错综复杂的关系网络。例如，有些人可能更亲近自己的叔叔而非父亲，或者更偏爱表亲而非亲生兄弟姐妹，这种斜向链接有时反而让人感到自在和轻松。

然而，在现代社会，随着核心家庭[1]的普及和人口向城市集中，家庭的横向链接逐渐变得淡薄。亲戚不再住在附近，与社区的联系也日益减少。孩子们不再与邻居的孩子一起玩耍，过去那种从三岁到小学六年级都在家附近玩耍的情况已经变得罕见。孩子们独自去商店的情况也越来越少，他们与店主叔叔或阿姨交流的斜向链接也逐渐消失。

如今，链接的主要场所变成了学校和工作场所。不愿上学的孩子增多，因心理问题休假的员工增多，这背后的原因之一可能是人们除了学校和工作之外的斜向链接大大减少了。

在现代社会中，随着人与人之间的链接日益稀少，孤独感随之蔓延。为了对抗这种孤独，人们开始寻求各种适合自己的社交链接，哪怕这些链接只是表面上的联系，但追求这些链接的人还是越来越多。共享住宅与移居等生活方式成为创造斜向链接和建立适宜人际关系的重要途径。

---

[1] 核心家庭：由一对夫妇及其未婚子女组成的家庭结构，是现代社会中常见的家庭形式。

古着文化是促进人与人之间产生链接的一个典型方式。此外，旧工具、历史民居、昭和时代的咖啡馆及商业街区等，这些元素都有助于跨越年龄层界限，建立起人与人之间的链接。

在充满岁月痕迹的商业街古着店里，顾客即便不购买任何衣服，也可以与店主进行交流，这样的互动有助于人们在本地区找到适合自己的链接。年轻人身着有老一辈人风格的服饰，形成了一种独特的斜向链接。

实际上，有些古着店的目标已经超越了单纯的衣服销售，它们致力于推动街道复兴和加强与老年人群的联系。后文我将分享一些具体的案例，展示古着如何成为连接过去与现在、老与少的纽带。

最后，我会介绍关于神奈川县真鹤镇 ① 的一些采访报道。真鹤镇因吸引众多年轻人迁入而闻名，采访内容反映了这些年轻人对现代庞大社会系统的质疑，以及对不同生活方式的强烈向往。不仅是当地居民，哪怕是短暂访问真鹤镇的人也表现出这种倾向，他们希望在压力重重的现代社会中寻找到一种心灵的慰藉（当然，这种现象并不仅限于真鹤镇）。

如果仅仅通过建造高楼大厦来推动地方城镇复兴，那么地方城镇可能会失去其真正的魅力，其居民数量会减少，游客也会变得越来越少。要实现地方城镇的真正复兴，关键在于充分利用和保护那些能够唤起人们情感共鸣的历史和文化元素。

---

① 真鹤镇：位于日本神奈川县西部，靠近相模湾，是一个风景如画的海滨城镇。

附　录

案例一　古着店改变城市

以古着重塑新城——多摩市落合的古着店 SAJI

古着店能为社会做贡献吗？

自 1971 年开始有人入住的多摩新城中，落合区域是最古老的部分之一。2023 年 2 月，落合商业街新开了一家古着店。在逐渐老化的新城住宅区中出现古着店的现象背后，隐藏着一个值得关注的问题。

新城开发初期，每个区域的商业街通常都设有售卖生鲜食品的蔬果店和水产店，提供厨房用品等日用品的杂货店，以及茶铺、快餐店和理发店等提供生活必需品和服务的店铺。

然而，随着周边超市和购物中心的兴起，传统商业街逐渐失去了往日的繁荣，空置的店铺日益增多。渐渐地，这些空置店铺大多转型为服务老年人群的福利咖啡馆和按摩店。

落合商业街也经历了同样的变化。2017 年秋，横沟惇先生在此开设了他的"居住办公一体化"[①]建筑工作室。从那时起，他便开始尝试"住宅经营一体化"的模式，不仅开办了咖啡馆和餐厅，还涉足商品销售、活动策划及工作空间共享等业务。目前，他经

---

① "居住办公一体化"：一种现代居住和工作方式，通过在同一空间或建筑内融合居住区和工作区，实现了生活和工作的紧密结合。

营着一家名为 STOA 的店铺，专门销售多摩新城当地设计师的作品。

横沟先生还积极投身于多摩新城的城市规划工作。2021 年 10 月，他在落合地区附近的丰丘商业街发起了一个名为"新夜市"的销售活动，仅两天时间便吸引了 1 万人参与。

横沟先生最新的一项举措是开设一家名为 SAJI 的古着店。此前，在圣迹樱丘站附近经营了 21 年热门古着店的大和直子女士，在店铺停业一年后，决定重新开启她的古着事业。在多摩市内寻找合适的店面时，她征求了横沟先生的意见。他们共同考察了几个地点，最终确定了横沟先生工作室所在的落合商业街作为新店址。

大和直子女士选择在落合商业街开店，一方面是因为横沟先生不仅是一位建筑师，还积极参与城市规划，她希望自己也能通过经营古着店参与城市建设。

另一方面，大和女士本身就是"纯粹的多摩新城第一代"。1971 年，也就是多摩新城开始有人入住的那一年，她还未出生，全家就已经移居到了多摩新城的谚访区，从那以后，她几乎一直生活在多摩新城或多摩市。

大和女士的母亲对时尚有着浓厚的兴趣，这种热情也在大和女士童年时期就悄然生根。从儿时起，她就常随母亲光顾商业街上的二手商品店。对时尚行业的热爱深植于心，这最终促使她成了一名美发师。遗憾的是，由于手部皮肤严重干燥，她不得不结

SAJI 的店主大和直子女士

束美发师的职业生涯，转而开设了自己的古着店。大和女士对城
市规划的兴趣源自她在圣迹樱丘的店铺关闭后，进入一家残障人
士机构工作的经历。在那里，她意识到轮椅使用者在日常生活中
面临的种种挑战，尤其是他们在尝试进入各种场所时遇到的困难，
让她深刻感受到残障人士与社会建立链接之艰难，从而唤起了她
对这一问题的关注。同时，在那里帮助残障人士挑选衣服的工作
也让她重新确认了自己对古着的热爱，坚定了她通过古着事业为
社会做贡献的决心。

因此，在创立 SAJI 古着店时，大和女士特别向横沟先生提出
了一个要求：店内的设计必须能让轮椅使用者轻松进入并挑选衣

服。横沟先生在设计店铺布局时，受到了川久保玲精品店的启发，其设计的店内服装展示区更为宽敞、易于浏览。面对预算限制，横沟先生巧妙地利用了多摩市回收中心的废旧家具来装修店铺，这不仅节约了成本，还赋予了 SAJI 个性化特色。

负责 SAJI 店铺设计的建筑师横沟惇先生。他积极参与多摩新城的城市建设。入口处的门是从附近的二手家具回收商那里以非常优惠的价格采购的。

大和女士希望通过委托销售的方式帮助老年人处理不再穿的衣服，并通过销售这些衣服与社区建立更深层次的链接。她相信，这样的举措不仅能够帮助老年人与社会保持联系，还能促进社区内的交流与互助，同时也能为 SAJI 古着店增添更多人文关怀的元素。

将新城住宅区变成同润会公寓

在街道里，特别是新城之中，古着店存在的意义究竟是什么呢？

横沟先生表示："可以说古着店为街区带来了多样性。无论是二手商品店还是二手唱片行，这类商店的存在为原本单一的街道带来了一种新鲜感，仿佛引入了一些异质元素，让人感到新奇和有趣，我认为居民其实也在寻找这种新鲜感。"

横沟先生回忆说："我母亲过去常从所泽①的家出发，远赴代官山同润会公寓②的一家名为'boy'的美发店理发，那时我还是小学高年级的学生，经常陪她一起去。在'神级美发师'这个词出现之前，'boy'的美发师就已经是神级的人物了，他们的着装也非常有个性（笑），像华丽的摇滚歌手一样，那是我第一次见到如此酷的成年人。而当母亲美发的时候，我就会在同润会公寓里四处闲逛。那里虽然不及表参道③的同润会公寓繁华，但也集合了精品店、画廊和公共浴池等，充满了探索的乐趣，给我留下了深刻

---

① 所泽：位于日本埼玉县的一个城市，距离东京中心约30千米。这个城市以其绿色空间和航空历史而闻名。

② 同润会公寓：日本一种历史悠久的公寓形式，最初由同润会这个组织在20世纪20年代建立，旨在为中产阶级提供负担得起的现代住宅。这些公寓在设计上注重功能性和社区感，强调居民之间的互动与合作。代官山同润会公寓是其中一个著名的例子，它不仅是居住空间，还整合了商业、文化与休闲设施，成了时尚和文化的集聚地。

③ 表参道：位于日本东京的一条著名街道，连接着原宿和青山，以其中的时尚精品店、咖啡馆和高级餐厅闻名。

的印象。"

这段经历让横沟先生意识到，他在多摩新城商业街所做的，正是试图营造类似同润会公寓那样充满活力和多样性的环境。虽然这可能听起来有些夸张，但想象一下，如果 5 年、10 年后，多摩新城的商业街能够变得更加充满活力，这将是多么令人兴奋的场景。

多摩新城，这个在 20 世纪 60 年代依照现代主义和未来派理念规划的完全由人工构建的城市，建立在不断消费新产品的基础之上，曾被认为是富裕的象征。

然而，60 年过去了，时代已经发生了巨变。如今，人们更多地谈论的是新城如何转变为一个能够容纳各个年龄段人群，特别是残障人士和其他需要照料的人共同居住的老城。这样的城市才真正称得上是好城市。

从可持续发展的角度来看，如果能有一个新的城市模式，居民通过循环使用现有资源而非不断购买新制衣服、日用品和家具来生活，那么这样的城市将是未来世界所追求的"可持续城市""福祉城市"①。

---

① "福祉城市"：英语作"well-being town"，是一种城市发展模式，旨在通过优化城市设计和政策来全面提升居民的生活质量和福祉。

"儿童店长日"活动

　　采访结束后，有客人通过网络搜索从远方来到 SAJI 古着店。其中一位时尚的年轻金发女士特地寻访至我之前提到的"三浦记"，买走了我母亲留下的一顶帽子。她的出现，对多摩新城来说实属罕见，因为这样的客人通常更可能光顾原宿或下北泽的古着店。令人惊讶的是，这位女士经常光顾的美发店，正是横沟先生儿时印象深刻的"boy"美发店。她的这次购买，不仅深深触动了我，也让我意识到了一种跨越年龄和文化的深刻情感链接。

　　（本文首次发表于 2023 年 4 月 29 日的《生活方式与家》①）

---

① 《生活方式与家》：日文名『ライフルホームズプレス』，是一本专注于家居生活美学和室内设计的杂志，旨在深入剖析现代居住趋势，提供装饰灵感及有关生活方式的独到见解。

爷爷的西装独一无二——前桥的古着店"小·小奏鸣曲"

高桥飒在他经营的服装店"小·小奏鸣曲"[①]中，致力于将父辈（60 岁左右）和祖辈（90 岁左右）的服装传承给年轻一代。近年来，随着许多年长者普遍追求"断舍离"的生活理念，他有一位经营旧货店的朋友频繁收到消息，对方称其可以免费取走自己老房子内的所有物品。受此启发，高桥也加入了这一行动，去"救援"那些仍可使用但即将被丢弃的衣物。

"小·小奏鸣曲"坐落在前桥市中心一条已经衰落的商业街上。尽管这家店铺在 2022 年 11 月才开业，它却仿佛早已融入了这片街区。此前，这里是一家专营锅具、刀具和家居用品的店铺，而"小·小奏鸣曲"保留了原有的装饰和招牌。店内售卖的是昭和时代的古着，顾客踏入其中，可以感受到悠久的历史韵味。

店内最引人注目的莫过于那些五六十年前定制的西装。在过去，人们往往不是在百货商店购买成衣，而是选择去裁缝店量身定做。

"这些西装采用了极为优质的面料，根据个人的身材量身定制，因此每一件都独一无二，无论是材质、款式还是尺寸。"

原来如此！这类定制西装真是独一无二的珍品！古着之所以吸引人，部分原因在于它们的独特性，而定制西装正是这种独特

---

① 服装店"小·小奏鸣曲"：日文名"服屋シャオ·そなちね"。

高桥飒和他的合伙人 LOY 都是时尚达人。
LOY 不仅是一名发型模特，还在店里负责设计和活动期间的烹饪工作。

每件衣服的颜色和尺寸都各不相同，这是因为它们是在裁缝店定制的西装。
衣服上绣着所有者的姓名，增添了故事性。

性的完美体现。

而且，这些西装通常会在内衬上绣有原主人的姓名，对年轻人而言，这也是一种特别的魅力所在。

"穿上这些曾为某个人定制的西装，仿佛能感受到那个人的人生故事，在他与自己之间建立起一种情感链接。"

只有当西装与自己的身形完美契合时，穿着起来才会舒适合体。我们会发现20世纪50年代—20世纪60年代就有人与自己体形相似，这确实是一种神奇的体验。

据传，甚至还有高中生特意来到店里挑选西装，他们希望穿着这样的西装参加大学入学典礼。

店里摆放的复古装饰品

这恰似动画电影《你的名字。》中描绘的那种跨越时空的相遇。

我父亲也曾拥有过这样的定制西装。我至今仍能回忆起裁缝师傅上门为父亲量身定做时的场景。然而，我们这一代人总想要与父辈们有所区别，从未想过要穿他们的旧衣服。

时代在不断变迁。于我而言，无论是前文提到的藤本壮介设计的酒店，还是"小·小奏鸣曲"古着店，它们都同样珍贵。无论对社区的影响是大是小，它们的本质都是相同的——利用旧物，注重故事性，以独到的审美视角为旧物赋予新的价值。这种活动正是激发地方社区活力不可或缺的力量。

店铺保留了原有的装饰和招牌

（本文首次发表于 2023 年 6 月 18 日的《生活方式与家》）

数不胜数，心平气和——大宫的古着店 Yokfuuku

Yokfuuku 绝非一家寻常的服装店。尽管其招牌上写着"大宫"，但它实际上并没有一个固定的店面，而是以流动的形式穿梭于多个地点，举办古着售卖活动。

店主是来自埼玉县的铃木麻由子。她表示："我不喜欢做和别人一样的事情，性格也很害羞，小学时甚至不愿去学校，常常是被父母驾车送去学校的。从中学时期开始，我就对时尚产生了浓厚的兴趣，曾梦想过像筱原友惠[①]那样穿着打扮。我非常喜欢 *CUTiE* 杂志，还曾在原宿被该杂志采访过。"

铃木女士的父亲是一名公务员。她原本以为自己会像大多数人那样，大学毕业后找到一份工作，然后一直工作到退休。然而，她在大学一年级时就因为缺乏动力而选择了退学。在重新审视自己的兴趣之后，她决定追随自己对时尚的热爱，先是在一家精品店打工赚取学费，后来进入一所专科学校深造。毕业后，她成了一名自由职业者，曾在站前百货大楼和购物中心的精品店工作。但在她心中始终有一个疑问："仅仅在购物中心的店铺里穿着稍微流行的、整洁的衣服，这样的工作真的足够有趣吗？"

因为热爱音乐，铃木麻由子还在惠比寿的录音室工作过。虽然工作本身很有趣，但由于她从早到晚都在一个没有窗户的地下

---

① 筱原友惠：歌手、模特，她以其独特的、色彩丰富和多变的装束著称，其风格在 20 世纪 90 年代末到 21 世纪初风靡一时，深深地影响了整整一代年轻人。

工作室里工作，她渴望过一种能够真正感受四季变换的生活，于是决定辞职。之后，她花了整整一年的时间，每天都沉浸在散步的乐趣中。

得知川越市新开了一家民宿时，她成了那里咖啡馆的员工。这家民宿汇聚了很多喜欢尝试新鲜事物的人，他们甚至尝试过在晚上将咖啡馆转变成酒吧等。

铃木女士和绣有店名的刺绣

在民宿的常客中，有一位穿着时尚的女士引起了铃木的注意。铃木经常询问她在哪里购买的衣服。那位女士回答说："如果你喜欢这种衣服，不妨挑选几件，我可以送给你。"于是，她拿来了一个装满衣服的纸袋，并附上一张留言卡，上面写着给铃木的留言，

和古着一起收到的留言卡（服装的故事与说明）

这些文字讲述了衣物背后的故事。

这启发了铃木麻由子，她萌生了开设一家古着店的想法，这家店不仅售卖衣服，还会在衣物上附有卡片，讲述衣服背后的故事。这样一来，顾客在购买衣服的同时，也能了解到与衣服相关的故事和产生情感共鸣。

当铃木向民宿的一位经营者表达了"我想尝试开一家这样的古着店"的想法时，那位女士鼓励她说："很好，那就去做吧。不要只是想，要付诸行动。哪怕只卖出三件衣服，也要勇敢地迈出那一步。"

受到鼓舞的铃木首先尝试在民宿内出售自己的旧衣服，结果反响出乎意料地好。之后，她决定在大宫的一家贝果店内的一个角落开始销售她的古着。

每件古着上都附有前任主人的留言卡

Yokfuuku 这个名字用汉字书写为"翼覆妪煦",意为母鸟用翅膀覆盖幼鸟或鸟蛋,象征着抚育与温暖。将这样的意象用作古着店的名字,寓意着人们给予衣服以温度和情感,然后再传递给下一个人。此外,这个名字在日语中还巧妙地与"洋服"(西式服装)一词发音相似。

2021 年 12 月,铃木麻由子在大宫车站前的中央大街的一栋老建筑内开展了古着销售活动。她的摊位设在 AMP/PAM 建筑工作室 ① 一楼的一个名为 yeast 的自由空间里。yeast 在这里代表的是"发酵",意为事物因交流和互动而产生活力和变化。

---

① AMP/PAM 建筑工作室:位于日本埼玉县大宫市,该工作室采用多种手法进行设计实践。AMP(Architectural Media-Practice)代表"建筑媒体实践",强调通过建筑及其他多种手段探索设计实践;而 PAM(Public Asset Maintain)则代表"公共资产维护",侧重于维护和修复。

AMP/PAM 建筑工作室的负责人是前文提到的伊藤孝仁先生。他曾是 tomito architecture 建筑设计事务所①的成员，该公司参与了神奈川县"真鹤出版"②等设计项目。后来，他离开 tomito architecture 建筑设计事务所，在参与大宫市城市规划的同时，成立了自己的建筑工作室，并将其一部分空间用于城市规划活动。2022年，他还在大宫车站东口的二次开发大楼前的人行道上举办了一场名为"大宫街道衣橱"③的古着市场活动。

编辑设计师直井薰子女士介绍我认识了伊藤先生。直井女士负责设计埼玉市的公共信息杂志，并参与了多种城市建设活动。她不仅将北浦和常磐公社④的公寓设计成了居住与办公相结合的空间，还策划并举行了"常磐公社"内的各种活动。铃木在偶然的机会下遇见了直井女士，她建议铃木在 yeast 开设古着店。

从 2022 年 5 月起，铃木作为员工，在直井经营的 Ham House 工作了整整一年。Ham House 是一家提供书架租赁⑤服务的店铺，

---

① tomito architecture 建筑设计事务所：日文名"トミト・アーキテクチャ"，位于日本神奈川县横滨市，致力于从日常生活出发，思考建筑与各种关系网络的交汇融合。

② 真鹤出版：一家位于真鹤的出版社兼民宿，由川口瞬和来住友美共同创立。

③ "大宫街道衣橱"：原名为"OMIYA STREET WARDROBE"。

④ 常磐公社：日文名"コミューン常磐"。

⑤ 书架租赁：一种在日本流行的服务模式，顾客可以租用书店、咖啡馆等公共场所的书架空间，出售或展示他们自己的书籍、艺术作品或其他独特商品。

位于由原埼玉市立大宫图书馆改造而成的文化中心 Bibli[①] 内。店内一角也售卖着各式古着。（后来由于书架租赁业务撤出了 Bibli，铃木的古着店也随之迁离了那里）。

此外，铃木还曾在 Bibli 附近一家画廊的角落，以及一位年轻女性朋友的农场旁的无人蔬菜销售点旁售卖古着。她神出鬼没，无处不在。

在一位女性农场主朋友的推荐下，铃木女士还曾经在她家的田地里
售卖过古着。右边的小屋是一个无人蔬菜销售点。

---

① Bibli：一处文化与知识交流中心，位于日本埼玉市，所在建筑原为埼玉市立大宫图书馆。作为一个承载了半个世纪回忆与情感的地方，"Bibli"继承了原图书馆的深厚底蕴，并进一步拓展其功能。这个名称灵感来源于代表"书籍（book）"和"图书馆（library）"的英语单词。Bibli 拥有三大核心功能：旅游中心、地区商业中心、信息发布中心。

铃木女士对二手唱片也有着特别的情感。有时，当不安的情绪涌上心头，她就会忍不住想去大宫的"唱片联盟"。尽管她手头并没有唱片播放器，但她仍喜欢到那里去欣赏各式各样的二手唱片。对她来说，这是一种独特的治愈方式。她解释说："古着也是这样。它是文化的一部分。在古着店里，看到数不胜数的古着，就会让人感到心平气和，十分安心。如果它们仅仅被摆在璀璨夺目的商场里，反而容易让人产生审美疲劳。我们的街道需要古着店和二手唱片行。"

我也曾将母亲留下的大约20件连衣裙托付给了铃木女士。这些衣服的历史可以追溯到四五十年前，我依稀记得母亲穿着它们的身影。我无法将这些衣服当作垃圾丢弃。相较于以几百日元一大箱的价格卖给连锁古着店，我更愿意将这些衣服无偿交给值得信赖的铃木女士。我非常乐意由她亲手将这些衣服转给顾客，让它们得以焕发出新的生命活力。

（本文首次发表于 2023 年 9 月的《东京人》①）

---

① 《东京人》：一本专注于探讨东京都市文化与生活方式的杂志。

希望有更多人了解这里——汤岛的古着店 SIRTURDAY

在御茶之水站附近的汤岛^①有一家新开张的古着店，名为"SIRTURDAY"。汤岛曾是传统日式餐馆的聚集地，而且因为毗邻秋叶原^②，周围聚集了众多电子公司的总部；同时，由于与本乡^③相连，这里也汇聚了不少出版社。尽管如此，古着店在此地却相当罕见。

今井先生在店铺附近的一栋旧楼前。他说，他认为他的职责之一是向顾客讲述
　　自己出国采购时的感受和当地的氛围，所以希望人们期待他的旅行趣事。

店主今井悟先生解释说："SIRTURDAY 既可以发音为 Sirturday，也可以发音为 Saturday，两种发音都可以。"当我在他的名片上看到

---

① 汤岛：位于东京都文京区，具有深厚的历史文化底蕴，这里曾经是江户时代的高级日式料理店聚集的美食街。

② 秋叶原：位于东京都千代田区，全球闻名的电子产品购物区和日本流行文化中心。

③ 本乡：位于东京都文京区，以浓厚的学术氛围著称，这一特色主要得益于其邻近的日本顶尖学府——东京大学。

Satoru 这个名字时，我猜测店名可能与此有关，没想到果然如此。今井先生曾在美国波士顿一家名为 Bobby from Boston（波士顿波比）的古着店工作，由于他的名字是 Satoru，店主波比便为他取了 SIRTURDAY 这个昵称。如果用日语发音，SIRTURDAY 听起来就像是 Satoru-day。

今井先生曾在 2007 年至 2012 年间在美国波士顿生活。他在刚才提到的那家 Bobby from Boston 古着店工作了大约 3 年半的时间。其间店主波比因健康问题开始使用轮椅，于是今井先生不仅负责采购，还参与了店铺的日常生活和运营，在此期间，他积累了丰富的关于古着及店铺经营的基础知识和技能。

SIRTURDAY 店内装饰着各种照片和海报。店主不仅在美国的古着店工作过，还曾就读于摄影学校。他非常喜欢罗伯特·弗兰克、沃克·埃文斯、艾略特·厄威特和卡蒂埃·布列松等摄影师的作品。

后来，由于签证问题，今井先生不得不返回日本。在那段时间里，他无法重返美国。因为对欧洲一直怀有浓厚的兴趣，他便化身为背包客，踏上了欧洲之旅，并在旅途中购买古着。回到日本后，他通过参加各种市场活动摆摊出售这些古着，以维持生计。

今井先生对旅行充满热情，他对每个国家和地区的历史、文化、传统，以及时尚、音乐、艺术和建筑等方面的背景、历史变迁都抱有极大的兴趣。

2017 年，他在本乡三号街开设了自己的实体店。到了 2022 年，他将店铺搬迁至现址——汤岛。新店址的选定得益于他的一位合伙人的帮助，这位合伙人就职于一家专门经营复古风格公寓的房地产公司。

店内的古着商品各具特色，尤其是来自北欧的古着等，更是别具一格。其中，像 Marimekko[①] 和 Vuokko[②] 这样的芬兰代表性品牌的古着在其他店铺中实属难得一见。

"经营古着店是一种乐趣，即使顾客不购物，我也欢迎他们来店里聊天。我非常开心能够以自己收集的古着为媒介，向人们分享我曾游历过的国家的故事。"今井先生如是说。

事实上，今井先生的家乡就在汤岛附近的本乡。在本乡或汤岛开设古着店实属罕见。他之所以选择在这一带开店，是因为本乡和他在美国时居住的波士顿—剑桥地区有着类似的学术氛围。

"小时候，我并没有特别留意这个地方，但这里确实拥有许多

---

① Marimekko：芬兰的一个知名设计品牌，成立于 1951 年，以大胆的图案和鲜艳的颜色闻名于世。

② Vuokko：芬兰的一个知名时尚品牌，以简约而实用的设计风格著称。该品牌创立于 20 世纪 50 年代，由设计师沃科·努尔梅斯涅米（Vuokko Nurmesniemi）创立，她曾是 Marimekko 的设计师。

历史悠久的地点和优质的商店。然而，随着时间的流逝，这些地方要么消失了，要么被拆除了。我希望尽我所能阻止这一切的发生，吸引更多人前来领略这片区域的魅力。我非常渴望能够为这个街区注入新的活力，使其成为一个人们会专程前来参观的地方，那将会是非常棒的事情。"今井先生还亲手制作了一份包含本乡和汤岛新店信息的地图。"鉴于这里与上野、秋叶原、神田、神保町、谷根千等地相邻，我的首要愿望是将本乡和汤岛与这些地方连接起来，使其成为人们探访的起点，领略这里的独特风情。为此，我希望未来能开设更多不同类型的古着店，或者餐饮店、民宿等，至少开上两三家。"在房地产行业的合伙人的帮助之下，今井先生的理想定能实现。

（本文首次发表于 2023 年 9 月的《东京人》）

展示附近艺术家的作品——江东区高桥的古着店 THINK

1931 年起便散发着古老韵味的街道和让人一见钟情的高桥商业街

在东京江东区高桥的商业街中，有一条被大家亲切地称为"高桥快乐街"的街道，这里坐落着一家名为"THINK"的古着店。这家店离都营地铁新宿线的森下站很近，由 34 岁的店主武田伸一先生经营，他来自千叶县①的柏市。尽管武田先生对森下站和

---

① 千叶县：位于日本东京都东侧，东临太平洋。

东京东部的地理相当了解，但他直到寻找店面时才首次踏足这条自 1931 年起便存在的老街。

THINK 于 2017 年开业。在此之前的两年，武田先生在下北泽租了一家画廊售卖古着。那里顾客众多，虽然听上去颇为理想，但武田先生却有着别样的追求："我希望在与顾客交流的同时，让他们在宁静的环境中欣赏古着。"

下北泽的人流量远超高桥，古着店和连锁店林立，常有三四位顾客同时涌入，难以营造宁静的购物氛围。武田先生回忆道："下北泽画廊的主人对我非常好。但当我渴望拥有自己的店铺时，我认为平民区也是个不错的选择，于是开始考察高桥的环境。"

武田先生说："我第一次来到高桥就爱上了这里。这是一条历史悠久的老街，氛围宁静，我立刻决定将店铺设在这里。"

武田先生当初选择在这里开店，并非因为高桥靠近时尚店铺日渐增多的清澄白河① 地区。但开业后，他发现有许多来自清澄白河和高桥高级公寓区的客人。有些人甚至会在参观完东京都现代美术馆后来到这里。

"有些顾客虽然住在清澄白河，但他们特意来高桥商业街用餐，这里的新店铺也越来越多。"武田先生的话得到了验证，高桥商业街附近确实有新开设的面包店、二手书店、比萨店和蛋糕店等，这些店铺为这条古老的商业街注入了新的活力。

---

① 清澄白河：位于东京都江东区，该地区以宁静的住宅环境和时尚的咖啡馆、艺术画廊而闻名。

平凡之中的非凡之美

在千叶县的柏市，古着店林立，武田伸一先生自中学时代起便对古着产生了浓厚的兴趣。尽管他的学校和工作都与时尚界没有直接关联，但他始终怀揣着开设一家属于自己的古着店的梦想，这份执着从未改变过。

店铺门口展示的吉姆·贾木许风格的夹克衬衫搭配

除了对古着的热爱，武田先生还从小就酷爱电影和音乐，他小时候会反复观看自己喜爱电影中的特定场景。他特别钟情于吉姆·贾木许[①]的《长假漫漫》[②]，深受影片中人物角色的衬衫和夹克搭

---

① 吉姆·贾木许（Jim Jarmusch）：美国电影导演和编剧，以其独特的电影风格和非主流审美著称。他的电影通常具有极简主义的叙事、幽默的对话和深刻的主题探讨，常常展现人类的孤独及彼此之间的微妙联系。

② 《长假漫漫》：美国电影导演吉姆·贾木许自编自导的喜剧片，于1980年出品。该片讲述了一个年轻人在纽约市游荡，寻找生活的意义，并遇到了许多与众不同的人物的故事。

配风格吸引。

"这里的服饰都是平凡中带着一丝非凡。顾客们经常赞赏店内的商品陈列，如果他们说 THINK 是他们偶然发现的宝藏店铺，我会感到非常欣慰。我现在依然喜欢老电影和音乐，就像所谓的'伪爵士'[①]，虽然是爵士乐，但又带有非传统的独特韵味。"采访当天，店里正播放着躺椅蜥蜴乐队[②]的 CD。

THINK 不仅售卖古着，也售卖一些小型摄影集和诗集，这些均出自附近居住的设计师和撰稿人之手。这些摄影集是在深川地区拍摄的，特意强调了墙面和水的色彩，展现了平凡之中的非凡之美。我觉得这样的创意非常有趣，于是决定将自己通过智能手机拍摄的城市迷你摄影集也摆放在 THINK 店内出售。

走出 THINK，仅需步行几分钟便可到达都营地铁新宿线菊川站附近，那里有一家名为 "Stranger"（陌生人）的迷你电影院，于2022 年开业。这家电影院放映的影片多是武田先生偏爱的类型。我也期待着有一天能在那里看电影，然后再去逛古着店，最后在居酒屋小酌几杯再回家，这种生活真惬意。

---

① "伪爵士"：英语作 "Fake Jazz"，通常指的是一种音乐风格，它模仿传统爵士乐的形式和音色，但在结构和表现上更为自由，并具有实验性。

② 躺椅蜥蜴乐队：英文名 "The Lounge Lizards"，是一支美国的前卫爵士乐队，由约翰·卢里（John Lurie）和他的兄弟埃文·卢里（Evan Lurie）在 1978 年成立。

店内摆放的摄影集和诗集

（本文首次发表于 2023 年 9 月的《东京人》）

案例二　移居地方城镇

仅仅是年轻人移居就足够了吗

冈康治先生曾在一家知名汽车制造企业担任设计师和规划师。如今冈先生已步入退休生活，他期望在享受悠闲时光的同时能参与一些为社会做出贡献的活动。

由于冈先生的夫人渴望居住在能够俯瞰相模湾①美景之所，他们决定搬离居住了 30 个年头的港北新城②公寓。尽管他们曾考虑过镰仓③或逗子④，但那里高昂的房价让他们望而却步。在女儿结婚并迁往小田原⑤之后，他们也决定搬到附近。经过一番寻找，他们在神奈川县真鹤镇找到了一处理想的房子，随即搬迁至此。新家位于山峦之上，不仅有一览无余的海景，还能将日出之美尽收眼底，景色宜人至极。

在此之前，冈先生对真鹤知之甚少，更不知道那里聚集了许

---

① 相模湾：位于日本本州岛东部，是太平洋的一个内海湾，北靠神奈川县，西南接静冈县。该湾因美丽的自然风光和丰富的海洋资源而闻名，是观赏富士山和进行海上休闲活动（如钓鱼、驾驶帆船）的热门地点。

② 港北新城：日本神奈川县横滨市的一个大型住宅开发区，20 世纪 70 年代在城市化浪潮中应运而生，其规划建设的初衷是提供一个配套设施齐全的住宅区。

③ 镰仓：日本神奈川县的一个历史名城，其丰富的历史遗迹和迷人的自然景观而闻名。

④ 逗子：日本神奈川县的一个海滨城市，与镰仓相邻。逗子以美丽的海滩、幽雅的住宅区和宁静的生活环境而闻名。

⑤ 小田原：位于日本神奈川县西部，是一个拥有丰富历史遗迹的城市。

多年轻的移居者和独具特色的商店。现在，他每天都沉醉于当地海鲜的美味之中。

当我得知冈先生迁居至真鹤之后，便告诉他那里有一家真鹤出版，它由我认识的一位建筑师打造，集出版社与民宿的功能于一体，我建议他前去一看。

约 25 年前，当冈先生初涉规划界时，他的上司曾推荐他阅读一些社会学图书。尽管他曾去图书馆翻阅了不少社会学图书，但总感觉未能触及心灵深处。

直到有一天，他读到了一本令他茅塞顿开的著作——《"家庭与郊区"的社会学》①。这本书深入描绘了居住在郊区，尤其是被定义为"第四山手"型郊区的中产阶级家庭的生活、心理状态。冈先生相信，鉴于汽车一般是中产家庭的必备交通工具，研读此书能够激发他在设计下一代汽车时的灵感。

冈先生不久后便来见了我。其实他早在 1999 年就参与了在多摩新城的帕特农多摩②举办的"郊区与现代社会"系列讲座，而我是当时的讲师之一。他说，通过学习，他深刻理解了郊区在日本社会中的地位以及汽车在其中扮演的关键角色。他还意识到，美国通过汽车、住房、家电、外出就餐、音乐、电视剧等多种途径，对日本民众的生活方式产生了深远的影响。尽管他日常工作繁忙，

---

① 《"家庭与郊区"的社会学》：日文书名『「家族と郊外」の社会学』。

② 帕特农多摩：日本东京都多摩市的一座综合文化设施。这座建筑的设计灵感来源于古希腊的帕特农神庙，因此得名"帕特农多摩"。

无暇去深究这些历史背景，但作为规划师，他认为拥有宏观的历史性视角很有必要。

第二年，我成了冈先生及其规划团队的顾问。首先，我带领他们深入探访了原宿、惠比寿、代官山、下北泽、吉祥寺、高圆寺等地，这些地方是年轻人流行文化的诞生地。那时，汽车制造商和家电制造商正积极寻求捕捉20多岁的"团块二代"年轻人的兴趣点，以打造畅销产品。许多公司都来咨询我。

然而，这些公司通常只是在内部进行理论讨论。由于当时互联网还未普及，它们大多只能依赖于杂志和电视上的流行趋势信息，它们从未真正走上街头，观察商店、商品及人们的行为。

这种脱离实际的研究方式让这些公司无法获得真实的市场情况。实际上，要了解真实情况，就必须走上街头，呼吸那里的空气，感受那里的氛围。因此，我总是坚持让来自不同公司的人士到街头去实地走访。

正是这种实地的街头走访给了冈先生极大的启发。虽然他之前阅读过关于年轻人的社会学图书，但他却总觉得自己无法完全理解年轻人。但是，当冈先生走上街头，目睹年轻人的穿着和行为后，他发现年轻人的真实面貌与他之前的想象截然不同。

汽车制造商的员工，在整个社会结构中无疑属于精英阶层。他们在大型企业里拥有稳定的职位和收入，并且对汽车有着浓厚的兴趣。然而，年轻人开始逐渐对汽车失去兴趣，对于炫酷跑车的渴望不再如以往那般强烈。象征性的转变是，像 Nissan Cube^① 这样设计简约、方盒子形状的汽车，开始在所谓的"团块二代"中变得异常火爆。为何这类车型会如此受欢迎？事实上，这正是汽车制造商的员工们所无法理解的。

但当冈先生真正融入街头生活时，他便了解了年轻人的心态，开始隐约察觉到下一代年轻人所追求的可能是什么。

近 5 年的时间里，我与冈先生共同经历了这样的实践与思考过程。在这期间，他每年都会参加我开设的"现代社会论入门课程"，并通过总结发表等形式积极参与讨论，不断地拓展自己的视野。

正是基于冈先生的性格和追求，我深信他迁居至真鹤后，绝不会仅仅沉溺于观海食鱼的惬意生活。他会以发掘这片新天地的动态为乐，这也正是我向他推荐"真鹤出版"的初衷所在。

2023 年 3 月 31 日，我给冈先生发送了一封邮件，告知他我计划前往真鹤进行采访工作。他立刻行动起来，首先拜访了"真鹤出版"，并根据那里给出的建议及杂志上的相关介绍，精心挑选了几家店铺进行了实地考察，为我即将到来的采访制订了一个详尽的计划。看到冈先生依旧保持着积极主动、细致周到的做事风格，我心中充满了欣慰。

---

① Nissan Cube：中文名"日产魔方"，是日产汽车公司推出的一款小型多功能车，首次亮相于 1998 年。

正如开头所提到的，冈先生怀有为社会和地区做出贡献的愿望。从 2023 年 4 月 1 日起，他将作为真鹤镇政府的特聘工作人员，负责管理会议室和大厅等多功能设施，并接待来访者。他还期望能围绕家庭关系主题，组织举办社区活动。

我们讨论移居地方城镇的话题时，经常会把焦点放在年轻人身上，但仅止于此就足够吗？当然，如果退休的老年人仅仅为了海边的宁静生活而搬迁过来，最终却因病成为需要护理的对象，这对地方政府而言无疑是一种负担。

然而，老年人应是拥有丰富智慧和经验的群体。如果那些愿意为地区社会贡献力量的老年人选择移居至此，这对社区来说无疑是一件幸事。对老年人自己而言，与年轻一代交流、交友，不仅能够让他们的生活更有意义，而且在他们有需要的时候也能得到社区的帮助和支持。

似曾相识的新店

时隔三年，当我再次踏入真鹤时，这个小镇依旧保持着三年前的那份宁静与和谐。这里独有的海边小镇气息在湿润的空气中弥漫，仿佛轻轻地拥抱着每一个到访者。那些接受我采访的移居者们，都是在无意中发现了真鹤，并迅速被这片土地深深吸引，随即决定将它作为自己新家的地址的。真鹤似乎拥有一种难以言喻的吸引力。

在这里，海洋、斜坡、橘树和盛开的花朵构成了一幅生动的画卷；爽朗的居民、古老的房屋，以及带着岁月痕迹的铁器都讲述着历史的故事。一些曾经热闹的理发店、美发店和烟草店虽然已经关门大吉，但它们独特的外观让人期待它们有朝一日能变身为咖啡馆或杂货铺，为这个小镇增添新的活力。镇政府的建筑风格也散发着复古的魅力，别具一格。尽管这里有便利店，但却不似都市中那样有着大型超市或购物中心。这个小镇的水产店随处可见，肉店也不少，充满生活气息，它以独特的魅力不断吸引着年轻人前来。当我和冈先生从真鹤站前往附近的真鹤比萨餐厅肯尼（KENNY）时，一路上我一直在思考，究竟是何让这个平凡的小镇具有如此大的吸引力。遗憾的是，那天恰逢餐厅休息日。冈先生对这家餐厅情有独钟，他告诉我这是他在镇上时常光顾的地方。

他激动地分享道："我每个月都会来这里好几次，无论是吃午饭还是在孩子回家时买些美食带回去享用。以前住在横滨的时候，我其实并不常吃比萨。但是肯尼的招牌菜——鱼干比萨实在是太有特色了，上面撒满了各种本地海产，如鲭鱼、鲣鱼和竹荚鱼等制成的鱼干，鱼干与奶酪完美融合。它的咸香恰到好处，让人回味无穷。除了这款特色比萨外，这里还有多种其他风味的比萨可供选择，每份价格大约 1 000 日元（约合人民币 50 元），性价比极高。"

"而且，店主夫人会热情款待每一位顾客。哪怕是在繁忙的午餐高峰时段，她依然面带微笑，热情迎接每一位顾客，那份亲切感让人心情愉悦。"

"另外，这家比萨店的前身是另一家餐厅，它保留了一些从前的装潢特色，给人一种历史悠久、似曾相识的感觉。现在的店主在吉祥寺的一家意大利餐厅工作过，他在移居真鹤之前的经历中学习到了精湛的烹饪技艺和独到的审美情趣。这家比萨店集复古与怀旧于一体，同时又不失活力与时尚。啊，说起吉祥寺，三浦先生，我还记得你曾经带我走访那里的日子呢！"

因不适应新城而选择移居真鹤

我和冈先生沿着坡道继续前行，不久后便抵达了真鹤出版。在这里，来住友美女士负责经营民宿，而她的合伙人川口瞬先生则致力于出版工作。他们于 2015 年移居至真鹤，并在 2018 年将一栋古老的民居改建成现在这个集出版社和民宿为一体的场所。

真鹤出版的改建设计由 tomito architecture 建筑设计事务所完成，由富永美保女士和伊藤孝仁先生（后者现已离开 tomito architecture 建筑设计事务所，独立创业）共同创立。真鹤出版的两位店主曾在网络上读到一篇报道，这篇报道介绍了 tomito architecture 建筑设计事务所在横滨市设计社区公共空间 casaco① 的

① 社区公共空间 casaco：位于日本横滨市，其前身是一座拥有超过 65 年历史的木造连栋房屋，经过精心改建，它如今变为一个充满活力的社区空间。该设施的特色在于其开放性和国际化氛围：二楼是住宿区，容纳了包括留学生在内的国际居民；一楼则是一个共享空间，不仅供居住者使用，也向社区的多个年龄层人群及外来访客开放，促进了社区内外的交流与活动。

过程。报道中那种将周边环境和事件融入设计理念的方法深深吸引了他们，他们也因此坚信 tomito architecture 建筑设计事务所能够帮助他们实现心中所想，因此决定委托其进行设计。

在真鹤出版的建筑改造工程完工后，我于 2020 年 2 月首次访问真鹤，那时我才得知真鹤镇拥有一套名为"美的标准"的城市建设标准，类似于建设规章。真鹤出版便是遵循这些标准精心设计的成果。从设计到完工，真鹤出版建筑改造的整个过程都被详细记录在《可住宿的出版社》①（由真鹤出版自行出版发行）一书中，这是一本非常触动人心的图书。

当天，来住女士接待了我们。尽管已经三年未见，我们之间还是很快就变得热络起来，她的亲切和热情让人难忘。

在真鹤出版会面（左：来住女士，右：冈先生）

① 《可住宿的出版社》：日文书名『泊まれる出版社』。

到真鹤出版住宿，并在来住女士等人的带领下游览小镇，这样的体验让越来越多的人爱上了真鹤，许多人之后多次重游甚至决定长期定居真鹤。可以说，来住女士和她的团队如同真鹤的旅游大使一般，为这个小镇注入了活力。

来住女士成长于川口市[①]的一个公寓区，而川口先生则是在千叶县的一个职工宿舍中长大的。后来，来住女士迁至横滨新城的一个新建住宅区生活。她认为，正是这一变迁改变了她的人生轨迹。她在横滨新城感受到了社区关系的淡薄，那里的人们普遍认为"上好大学，进好公司"是人生的正途。然而，来住女士对此持有不同看法，她选择了不同的生活道路，并最终找到了属于自己的地方——真鹤出版。

当我向来住女士介绍冈先生的背景时，提到他曾经是汽车公司的设计师和规划师，我暗示他或许能为当地的孩子提供关于汽车和设计的知识。来住女士立刻表现出了浓厚的兴趣。她肯定也希望真鹤能够吸引包括年轻人在内的各种人才来这里居住和交流，以促进这个社区的多元化发展。

培养一个孩子需要举全村之力

离开真鹤出版后，我们前往了 2022 年 6 月新开张的道草书店。店主中村夫妇之前居住在东京的文京区。然而，自从有了孩子之

---

① 川口市：位于日本埼玉县南部，紧邻东京都。

后，他们开始质疑东京是否适合孩子的成长。

有一次，他们驱车前往真鹤，初次踏足海边，他们便被那里的风情和光影深深打动，随即决定搬迁至此。当时他们对真鹤几乎一无所知，回到家后立刻开始寻找真鹤的房子，短短三个月便完成了搬迁。

中村先生曾在文京区担任正骨师，而他的妻子道子女士在另一家公司工作。当他们决定辞去工作搬到真鹤时，他们尚未确定接下来要做什么。搬到镇上不久后，新型冠状病毒感染疫情暴发，使得他们暂时无法与当地居民建立深入联系。尽管如此，镇上的居民依旧热情地向他们打招呼，并众口一词地透露："我们这儿还缺一家书店呢！"这让中村夫妇萌生了创办一份属于两人的事业的想法。得知汤河原①的小径文库儿童图书馆关闭后，留下 3 500 本图书无人接管，他们便将这些图书接手过来。不久之后，他们以流动书店的模式在真鹤各地推广阅读文化。

道草书店不仅仅是一个售卖图书的地方。走进店内的和室②，你会发现那里陈列着大量以儿童图书为主的读物，孩子们可以在此免费翻阅。实际上，供免费阅读的图书数量甚至超过了出售的图书数量。书店的二楼，还特地设有一个专为儿童设计的活动空间。

冈先生曾在一本杂志上读到过中村先生的一句话："培养一个

---

① 汤河原：日本神奈川县西南部的一个小镇，以温泉闻名。
② 和室：日本传统的居室风格，特点是铺设榻榻米，使用滑动糊纸木制门（障子）和木制窗格。

孩子，需要举全村之力。"他对此深以为然。据说，这句话源自非洲的一则谚语。反观当下的日本，多数情况下是父母两人单独育儿。尽管在这种育儿模式下孩子们依旧能够顺利成长，但总觉得似乎缺少了什么。所缺失的，正是与非血亲成人的交流、对谈，观察成人工作的机会、协助成人的时机，以及和不同年龄孩子一起玩耍的经历等。

直到 20 世纪 60 年代，在大都市圈还能找到这样的环境，但渐渐地，孩子的生活空间和时间变得越发个性化和碎片化。有的孩子参加补习班，有的参与兴趣小组，还有的加入少儿足球队等。随着中学入学考试成为标准配置，孩子与社区中的朋友渐行渐远，更别提与社区成人的交往了。出生在乡下并在横滨抚养了三个孩子的冈先生，对此有着深刻的体会。

书、美发店和咖啡

除了书店，真鹤镇上还出现了一些新兴的业态。2020 年 11 月，水印（watermark）咖啡店开业，除了咖啡，它也售卖书籍，成了当地的一家特色店铺。店主栗原志织女士曾居住在仓敷①，与当地知名二手书店"虫文库"的店主田中美穗女士结缘，因此在她的店里也能看到"虫文库"中的图书。

栗原女士来自北海道，因工作曾在仓敷居住。她通过真鹤出

---

① 仓敷：日本冈山县的一个城市，以其保存完好的历史街区而享有盛誉。

版了解到真鹤这个地方，并迅速对它产生了深厚的感情。

观察到当地人倾向于在独立的肉店和水产店购物，而非超市或百货公司，她萌生了在这个保持旧时风情的小镇开店的想法，并思考："如果我也在这里开个店，会有顾客光顾吗？"

此外，真鹤还有一家名为"书与美发店"的美发店，它于2022年9月开业。这家美发店位于一栋改建的老式平房木结构住宅中，拥有美丽的窗外景色。理发区后面设有一个装满书籍的房间，其中不乏稀有书籍。室内光线柔和，坐在窗边就能享受阅读的乐趣。

高山纱季女士是该美发店的美发师，她曾在原宿的一家美发店工作，那里的工作模式像流水线一般分工明确，她只负责剪发，每天大约要服务13位顾客，然而，这样的生活让她开始怀疑人生的意义。

在了解了真鹤出版之后，高山女士决定前往体验一次住宿。结果，她爱上了真鹤，甚至多次重游。在她首次逗留真鹤期间，她了解到了由同为原宿出身的菅沼政斗先生提出的"出差美发店"概念。菅沼先生离开原宿后，搬到了神奈川县三浦市的三崎①。在那里，他认识了峰慎吾先生。峰先生不仅是真我出版社②的创始人，还经营着藏书室"书与屯"和美发店"花暮美发店"。后来，

---

① 三崎：日本神奈川县三浦市的一个海港小镇。

② 真我出版社：日语作"あたし社"。

他们两个人携手创立了"书与美发店"项目，计划未来在全国推广这一概念。

菅沼先生并未在真鹤设立固定的美发店，而是通过朋友的介绍，作为一名巡回美发师每月访问真鹤一次。这种流动式的美发服务在当地居民和新迁来的朋友中非常受欢迎。高山女士对这种工作模式产生了浓厚的兴趣。她预约了在三崎的花暮美发店剪发，在那里剪发时与菅沼先生探讨了自己对未来职业道路的规划，对方提出了邀请："我正打算在真鹤开一家店，你愿意加入我们吗？"这便是"书与美发店"诞生的背景。

现在，在"书与美发店"工作的高山女士享受着相比原宿更舒缓的工作节奏。她分享道："虽然我需要从横须贺过来上班，确实有些不便，但一旦抵达真鹤，我就能和每位顾客愉快地聊天，这让我能非常愉悦地工作。"

"书与美发店"外观

"书与美发店"内景

"书与美发店"中的书架（右：高山女士）

　　尽管高山女士以前并不热衷阅读，但为了给顾客推荐更好的内容，她开始翻阅店内的书籍。举例来说，她会一边为顾客理发，一边共同浏览关于家庭或生活的摄影集，这样的交流体验颇为有趣。

顾客来到美发店，不只是为了美发，与美发师对话本身就是一种减压方式，同时，这家美发店为顾客打造了一个全方位的休憩空间，他们能够在阅读书籍和品味咖啡时放松身心。

美的标准

正如前文所述，真鹤镇制定了一套名为"美的标准"的城镇规划条例。这套条例借鉴了美国知名建筑师克里斯托弗·亚历山大（Christopher Alexander）的经典著作《建筑模式语言》（*A Pattern Language*），并以此为基础，制定了符合真鹤特色的"优质城镇"标准。在我看来，这里讨论的"美"，与其将它理解为"美丽"（beauty），不如说它更契合"审美"（esthetic）和"感性"（sensuous）的概念。《建筑模式语言》深入分析了那些使人类舒适居住、愉悦散步、充满活力，以及有利于儿童社会化的环境要素，指导我们如何将这些要素巧妙融合，从而在新城镇中营造出一种舒适、令人愉快且富有生机的氛围。这本书被当作一本实操手册，它的价值和重要性无与伦比。

具体而言，"美的标准"涵盖了"地点""层次""尺度""和谐""材料""装饰与艺术""社区""观景"等多个类别，并包括了如"圣地""茂盛的植被""观景区""海滨""墙壁的触感""适宜的窗户尺寸""恰当的色彩""隐约可见的花园""当地植物""果实累累的树木""天然材料""世代共融""人气""店铺前的学校""儿童之家""小型集会地""面向街道的窗户""可坐的台阶""日常生活中的绿色""触手可及的花朵""怀旧的街道"等69个关键词。熟悉《建筑模式语言》的读者看到这些关键词定会心领神会。这正是将国际化的理念本土化、真鹤化的实践，用语言的形式表达出真鹤的魅力，使得每一位初访者都为之着迷。

这些细微却能触动人心的细节共同塑造了真鹤镇独有的风情。然而，这样的景致不只在真鹤可见，在日本乃至世界各地，许多传统小镇都以不同的形态绽放着魅力。

可是，从战后的高速经济增长到泡沫经济时期，直至今日，这些风景不断遭到破坏。例如，一些城市规划为了进行再开发而计划砍伐树木。在世田谷、杉并等地的住宅区，过去30年里，充满生机的树篱和庭院逐渐消失，取而代之的是单调的预制装配式住宅①。

为什么要进行二次开发呢？表面上的理由是二次开发后，城市将变得更加便捷。但隐藏在背后的真相是，如果不进行二次开发，就意味着某些企业将失去业务发展的机会，员工将失去工作。简而言之，这是经济利益与历史、文化及景观之间的激烈博弈，是一个复杂的难题。

---

① 预制装配式住宅：在工厂中提前制造好住宅部件，然后运输到建筑现场进行快速组装的房屋。这种建筑方式因其施工速度快、成本相对较低及对环境影响相对较小而受到青睐。

目 录

《 美的标准 》目录

怀旧的街道

海滨

果实累累的树木

当地植物

触手可及的花朵

面向街道的窗户

观景区

儿童之家

小型集会地

对那些厌倦了以经济为先的人而言，真鹤宛如一个乌托邦，是一个理想的庇护所。当有需要的时候，它离东京很近，可以随时前往。对于像冈先生这样长期在大型企业操劳的人来说，真鹤是一个疗愈之地，能够缓解多年的疲惫。然而，真鹤同样面临着人口减少的挑战，老龄化率高达 43.5%。尽管有不少移居者涌入，但在过去 5 年里，真鹤的人口还是减少了超过 8%。如果置之不理，真鹤的未来将充满不确定性。不过，预计整个日本今后每年可能会减少约 100 万人口，显然，仅仅依靠开发是无法增加城镇人口的。

偶尔想去逛逛的小镇

正是因为小镇保留了传统魅力，越来越多移居者和游客慕名前来，这种发展方向显得尤为必要。更深入地说，那些偶尔想去逛逛的小镇，其重要性可能超出了我们的想象。据我从真鹤的居民那里了解的情况，许多人正是因为一次偶然的驻足，便深深爱上了这个地方，有些人虽然并未搬迁至此，却会一次又一次地重游。我个人也期望每年都能有机会到真鹤漫步一番。

我经常走访东京附近的各种小镇，比如高圆寺，每周都会去上一两次，主要是被那里的公共浴池、小餐馆和古着店吸引。虽然我并非心血来潮就会前往，但高圆寺对我而言，确实是一个转换心情、放松身心的好地方。至于吉祥寺或阿佐谷，我通常是带着目的去的，但有时候，仅仅是出于想看看那里的最新变化，我也会去逛逛。在疫情期间，工作结束后，我常去井之头公园散步，以此来舒缓压力。

除了我们居住的城市和工作的地方，总有那么几个小镇，会让我们心生探访之意。这些小镇犹如偶尔联系的老友，不必频繁相见，却偶尔想要聚聚。与这些老友相聚时，我们常常会发现平时未曾留意的新事物，了解到一些此前未知的信息。有些小镇上的小酒馆，虽然我们不是每周都会去，但每隔三个月就想造访一次。我们需要这样的小镇。

官方而言，这被称为"交流人口"，不仅仅是旅游的概念。它不同于传统的观光旅行，如前往伊豆①或箱根②，而是一种不必要花费太多，偶尔令人向往的小镇之旅。那些能够激起人们向往的地区，在未来无疑将越发受到人们的关注。

从这个角度出发，"真鹤出版"为住宿客人提供的城镇游览活动显得格外有意义。这不只是简单的旅游景点介绍，更是一次引导游客深入体验真鹤日常生活的机会。自然，也包含了从"美的标准"视角所展示的真鹤之美。

看到来住女士滔滔不绝地分享她对真鹤的热爱，我不禁想象，如果她能以同样的热忱谈论她从小长大的新城该多好。那个曾让

---

① 伊豆：日本本州中部的半岛，属于静冈县。以其美丽的海岸线、温泉、山脉和丰富的自然景观而闻名。

② 箱根：日本神奈川县的一个著名温泉和旅游地区。

她感到不适应的新城，如今也步入了老龄化阶段，10 年后或许将面临与真鹤相似的超老龄化挑战。曾经被优秀企业、学校、家庭这些标准限定的城镇，未来可能需要一套新的评价体系。我相信，届时，我们将需要更多像来住女士这样的小镇导览员。至于冈先生，他在政府的工作让他参与地区活动，深入了解小镇的每一个角落，很快他也能成为一名优秀的导游。他的退休生活看起来是如此的充实和快乐。

（本文首次发表于 2023 年 4 月 30 日的《生活方式与家》）

我们已经讨论了古着店与城镇之间的联系，以及人们向人口稀少地区移居的趋势。在当代城市，二次开发带来了更新和变革，然而这些更新往往囿于大规模生产和消费的模式。在日本的历史脉络中，随着一代又一代人的生活方式的更迭，陈旧的被摒弃，新颖的被接纳。不论是服装、汽车，还是家用电器，人们都是购买新产物，旧产物则被淘汰。但现在，我们不能再如此轻率地丢弃物品了。对那些年代久远的街区、城镇和地区来说，不应仅仅盲目追求二次开发，而应采取一种缓慢的更新节奏，允许商铺与住宅渐进式地进行代际替换和自我更新。为实现这一目标，我们需要构建一个更为流畅的商业继承与适配机制。

新兴的商铺并非只能销售全新商品。古着店、二手唱片行及古老民居改造的咖啡馆和传统町家旅店 [1] 同样有其立足之地。在京都，这样的商业模式或许已司空见惯，但在其他地方还应加以推广。这种模式更适合那些古老的街道、城镇和地区，因为这些地方的居民同样在经历老龄化。尽管面临老龄化的挑战，人们仍然可以充满活力地投入工作与生活。在日常生活中能真切感受到"活着真好"，这才是我心中的理想社会。

---

[1] 町家旅店：一种特色酒店，通常设在传统的日本町家中。町家是一种历史悠久的日本传统商住两用建筑，常见于京都等历史城市，以其木质结构和狭长的建筑风格著称。

结　语

　　在 2012 年，我撰写并出版了《第四消费时代》。书中将日本近 100 年来的消费社会演变划分为四个不同的阶段，并指出自 2005 年起，我们步入了"第四消费时代"。

　　这个时代的核心特征是物质主义、扩张主义、个人主义和西方化倾向的逐渐淡出，社会转而越发重视充实精神、简朴生活、人际链接、共享及本土化。这些变化主要是由 1995 年及 2011 年的大规模地震灾害，以及 1997 年金融机构的破产所引发的金融危机共同推动的。

　　然而，2022 年恰逢《第四消费时代》出版十周年之际，我对当初的理论进行了重新审视。我将过去约 100 年的历史按照每 23 年一个周期重新划分，并将"第四消费时代"的时间界定调整为 1998 年至 2020 年。我认为，自 2021 年起，日本已步入了"第五消费时代"。我在另外两部作品《孤独社会》和《重新思考：快速风土化的日本》[①]中进一步阐释了这一理论。

————————
① 《重新思考：快速风土化的日本》：日文书名「再考　ファスト風土化する日本」。

新型冠状病毒感染疫情成为推动"第四消费时代"落幕、宣告"第五消费时代"到来的关键因素。可以预见，新型冠状病毒感染疫情催生了一种新的生活方式。

同时，尽管"孤独"这一问题在疫情之前就已受到关注，但疫情无疑加剧了这一现象。孤独感的增加意味着人与人之间的链接变得更加珍贵和不可或缺，因此，在"第五消费时代"，强调人际链接和共享的趋势预计将得到进一步的强化和蔓延。

这本书的诞生，源于我个人对孤独问题的深入思考。随着老龄化、未婚人数增加、离婚率上升及独居者增多等现象的出现，越来越多的人开始感受到孤独。为了缓解、转移或消除孤独感，相关的消费行为也随之增加。这种消费的目的是寻求与他人的链接，可能表现为购买商品和服务，也可能表现为使用社交网络，还可能表现为投入通常不被视为消费的业余爱好等形式。本书在一定程度上证实了这些观点。

新型冠状病毒感染疫情催生的"新的生活方式"在很多方面，由于其数字化和信息化的特点，导致了工作和消费的去人格化和无人化现象，进一步加剧了人际关系的淡薄。去人格化和无人化不仅意味着就业机会的减少，也意味着人们可能从劳动中被疏离。在这个意义上，"新的生活方式"无疑加重了人们的孤独感。

此外，远程工作的普及使得家庭成员有更多的时间共处，但这反而增加了彼此之间的压力，导致家庭暴力和离婚率上升。具有讽刺意味的是，远程工作原本旨在提高工作效率，结果却让人们更加渴望拥有独处的时间与空间。在我的调查中，这一点得到了明确的证实（详见《孤独社会》第 4 章）。随着新型冠状病毒感染被认定为第五类传染病[①]，我们正迎来一个真正意义上的"与新型冠状病毒共存的时代"，我认为这将逐渐导致"孤独社会"广泛而浅层次地固化。

当然，还有其他原因导致了孤独感的加剧。尽管个人化和多样化被看作是提升个体价值和尊严的途径，但仔细考虑后，我们发现它们也可能导致价值感和尊严的丧失。

性别意识和种族意识是两种深入人心的共性认知。若不去挑战这些根深蒂固的观念，人们通常不会感到孤独。然而，这种认同感也可能导致处于共同体中心的人对那些不符合标准的成员产生歧视和排斥。虽然消除这种歧视和排斥行为具有积极意义，但也可能会削弱群体间的联系。因此，对那些不愿质疑固有性别和种族观念的人来说，他们会反对让共同体变得过于个人化和多样化。

因此，"孤独化"似乎是个人化和多样化时代的必然结果。这是一个非常复杂的问题，因此本书没有深入探讨。本书主要围绕孤独感和消费行为进行了讨论。

在本书中，我用了大量篇幅来讨论古着。虽然古着消费与孤

---

① 第五类传染病：日本法律中对传染病的分类之一，属于最低级别的传染病类别。

独感似乎没有直接的联系，但在探讨"第五消费时代"时，古着是一个关键的假设。

我将"第五消费时代"的核心理念概括为"5个S"：慢速的（Slow）、小规模的（Small）、软性的（Soft）、社交的（Sociable）、可持续的（Sustainable）。

正如"快餐"与"慢食"的对立，如果存在与"快时尚"相对应的"慢时尚"，那么它应当指的是古着和手工制作的衣服。例如，穿上母亲过去亲手编织的毛衣，或父亲在裁缝店定制的西装，相较于购买大规模生产的新衣服，这些选择都更贴合"慢消费"的理念。即使是大规模生产的衣服，选择穿着旧衣服，特别是经过修补的旧衣服，也是一种更倾向于"慢"的消费方式。当然，以上这些也都属于可持续消费。

古着店通常规模不大，尽管有些大型连锁古着店存在，但大部分还是由个人经营的小型店铺。店主和店员不只是出售古着，他们更愿意与顾客分享衣服背后的故事，或是讲述在海外收集古着时邂逅的不同文化。这些店铺还致力于推动社区发展，使得古着店具有了社交属性（详见附录案例一）。由此可见，古着及古着店可能就是"第五消费时代"的一个典型代表。历史上总有一些职业能够预见时代的潮流，比如20世纪80—90年代的文案工作者，2000—2010年的原宿时尚创作者，而2020—2030年可能将是古着店的时代。

当我向一些中国人介绍古着热潮时，他们常常会流露出惊讶之情。因为在经历了高速的经济增长之后，他们通常将古着等同于陈旧、破烂的衣服。确实，即便是在 60 ～ 70 岁的日本人群中，持有这种看法的人也不在少数。然而，随着我们的深入交流，我注意到他们对古着的兴趣正逐步上升。

自 2017 年以来，除了疫情期间，我几乎每个月都会为中国企业家举办讲座。在这期间，即从 2017 年至 2023 年，我发现因为种种，他们对日本及"第五消费时代"的理念产生了浓厚兴趣。他们开始思考，中国是否也将步入类似的发展阶段。因而，对古着的关注度也随之提升。实际上，在中国的富裕阶层中，已经掀起了一股收藏古董的热潮，而且据悉这股热潮在年轻人中间也相当流行。

在与古着店的店主们交流时，他们经常会提到"传承"这个概念。他们所强调的不单是商品的买卖，还包括将服装从前任主人移交给下一任主人的过程，而古着店正是这一传递过程的桥梁。

"传承"这个词恰如其分地体现了"第五消费时代"的价值观念。这不禁让人想起一些日语词汇的内涵，比如："金缮"在日语中写作"金继"二字，"打补丁"的古语说法①里也包含"继"字，都蕴含着"继承"和"传承"的意蕴。"继"这个字表达了对旧物价值的充分挖掘，使其得以继续被利用的含义。而在现代社会里，

---

① "打补丁"的古语说法：日语作"继ぎを当てる"。

人们不再缝补衣服，"打补丁"这个词的使用也渐渐淡出了人们的记忆。

同样地，在日语中，"继承家业"[①]和"继承人"[②]这些表达也都包含"继"字，显示出日本人长久以来一直用这个字来象征"把过去的事物传递给未来"。

在我所著的《重新思考：快速风土化的日本》一书中，我提及了一些具体的"第五消费时代"城市建设项目案例，例如BONUS TRACK[③]项目，它继承了下北泽街区充满个性的年轻人和独特商铺的精神。另外，SETAGAYA Qs-GARDEN[④]项目，也延续了"第一生命"的土地及其理念。即便是大规模的开发项目，也开始越来越注重"传承"的重要性。这一点，实在是令人欣慰。

当然，"第五消费时代"尚处于起步阶段，我也不敢断言自己的所有观点都是正确的。然而，如果我们将消费社会的发展比作人的一生，那么，"第一消费时代"可以看作是从出生到10岁的童年期；"第二消费时代"则像是11～30岁，身体迅速成长的少年与青年期；"第三消费时代"相当于31～50岁，精神成熟、事

①　"继承家业"：日语作"お店を継ぐ"。

②　"继承人"：日语作"跡継ぎ"。

③　BONUS TRACK：2020年4月在东京下北泽新成立的公共空间。

④　SETAGAYA Qs-GARDEN："第一生命"公司旗下位于东京的一处多功能社区开发项目。该项目围绕着一片绿地，新建了多代共住型住宅、面向草坪广场的社区空间及租赁菜园等设施。通过实施"SETAGAYA Qs-GARDEN城市管理"，利用历史与环境资源优势，极大地提升了居民生活质量。同时，通过社区空间运营和举办活动，促进地区交流与增添活力，致力于实现本地的繁荣，增进居民福祉。

业有成的壮年期；"第四消费时代"则是 51～65 岁，基于过往成就达到成熟的中年期；而"第五消费时代"好比是 66 岁以上，人生的晚期，极致而精粹的老年期。如果人们能够习惯穿着古着，或者在生活的方方面面不再一味追求新奇，而是珍惜旧物，维护古老的建筑和街区，重新评价经典在思想和艺术上的价值，享受充实的生活，这些便是"第五消费时代"所倡导的精粹生活的标志。

尽管我们的世界仍面临诸多深重的矛盾，例如战争可能永远不会消逝，为了追求可持续性仍需使用核能等，但如果大多数人都能追求和平的生活方式，社会就会朝着正确的方向发展。

三浦展

2023 年夏